PLATT
FORM
EURO
PA_

PLATT FORM EURO PA_

_Warum wir schlecht über die EU reden und wie wir den Nationalismus mit einem neuen digitalen Netzwerk überwinden können

JOHANNES HILLJE

DIETZ

Bibliografische Information der Deutschen Nationalbibliothek
Die Deutsche Nationalbibliothek verzeichnet
diese Publikation in der Deutschen Nationalbibliografie;
detaillierte bibliografische Daten sind im Internet
über http://dnb.dnb.de abrufbar.
ISBN 978-3-8012-0553-9

Verlag J. H. W. Dietz Nachf. GmbH
Dreizehnmorgenweg 24, 53175 Bonn
Umschlag: Petra Bähner, Köln
Typografie & Satz: Ralf Schnarrenberger, Hamburg
Druck und Verarbeitung: CPI books, Leck

Printed in Germany 2019
Besuchen Sie uns im Internet: www.dietz-verlag.de

_EINLEITUNG

Wenn in diesen Jahren so eifrig über Wege aus Europas Dauerkrise gesprochen wird, dann bemühen die Rednerinnen und Redner gerne einen Satz, die sie dem französischen »Vater Europas«, Jean Monnet, zuschreiben: »Wenn ich nochmals mit dem Aufbau Europas beginnen könnte, dann würde ich mit der Kultur beginnen.« Soll Monnet gesagt haben – hat er aber nicht. Es ist ein Fake-Zitat, das ihm nachträglich in den Mund gelegt wird. Die Jean-Monnet-Stiftung in Lausanne weiß, wie es dazu gekommen ist: Den Anstoß zu dieser Legende gab – in guter Absicht wohl bemerkt – der einstige französische Kulturminister Jack Lang. Er hatte gesagt: »Monnet hätte sagen können oder sollen, dass wenn er nochmals mit dem Aufbau Europas …« und so weiter.

Dass Monnet es hätte gesagt haben können, ist eine recht zutreffende Metapher für den Zustand Europas. Die jüngste Geschichte der Europäischen Union ist ebenfalls eine, die in großen Teilen im Konjunktiv II geschrieben werden muss. Seit der Abstimmung über den Brexit war in der EU-Politik sehr viel *hätte, können, sollen* und sehr wenig *machte, entschied, plante*. Obwohl es zunächst den Anschein machte, als würde Europa nach dem Super-GAU im Sommer 2016 die Flucht nach vorne ergreifen. In Politik, Zivilgesellschaft, Wissenschaft oder Literatur keimte plötzlich eine europäische Aufbruchsstimmung auf. Emmanuel Macron entfesselte in seiner Rede an der Pariser Université de Sorbonne im September 2017 so etwas wie eine proeuropäische Emotion. Er forderte nichts weniger als die Neugründung Europas, schwärmte von europäischer Souveränität und präsentierte eine ganze Liste von konkreten Reformvorschlägen. Der »Pulse of Europe« schlug über Monate auf den Straßen. Menschen malten sich ihre Gesichter blau an, wickelten sich in EU-Fahnen, für kurze Zeit war Europa ein bisschen cool. Experten skizzierten Szenarien für die Vollendung der europäischen Demokratie, ganz vorne dabei die Politikwissenschaftlerin Ulrike Guérot mit ihrem Entwurf einer europäischen Republik. Den Büchermarkt erfasste ebenfalls ein neuer proeuropäischer Zeitgeist. Titel wie »Trotz alledem! Europa muss man einfach lieben« (Heribert Prantl) oder »Wir sind Europa!« (Evelyn Roll) ersetzten die zuvor allgegenwärtige europäische Abgesangsliteratur. Und auch wenn in Europa immer alles etwas länger dauert, war der Zeitpunkt noch günstig: Die Wahlen in Frankreich und Deutschland waren just passé, zwei Jahre noch bis zu den nächsten Europawahlen, endlich konnte mal in Ruhe gearbeitet werden.

Nichts da. Die Bundesregierung antwortete lange Zeit auf Macrons Vorschläge gar nicht, um sie nach mehr als einem Jahr »einhundertprozentig abzuwürgen«, wie Jürgen Habermas feststellte.[1] Allenfalls reagierte Deutschland auf die ausgestreckte Hand Frankreichs nur mit dem kleinen Finger in Form von kleinteiligen Reformen in der Wirtschafts- und Währungspolitik. Ein großer Wurf gelang nicht. Der fehlende Mut der Einen kann im heutigen Europa nicht ohne den Übermut der Anderen verstanden werden. Von den skandinavischen Ländern über Deutschland, Frankreich, Österreich, Italien bis hin zu den Visegrád-Staaten: Populismus und Nationalismus sind fast an allen Ecken und Enden der Union auf dem Vormarsch. In Österreich, Italien, Tschechien oder Polen sind sie aus der Opposition mittlerweile in Regierungsverantwortung aufgestiegen. Die Hoffnung von der »Mäßigung an der Macht« hat sich bei diesen Kräften größtenteils als naiv erwiesen. Zwar sind Parteien wie die FPÖ oder die Lega von »Exit«-Forderungen, aus dem Euro oder gleich der ganzen Union, abgerückt. Statt *raus* wollen sie heute vielmehr *rein* nach Europa – aber eben in ein Europa, das dem Geiste der europäischen Integration vollkommen entgegensteht. Der Konflikt zwischen ihnen und Politikern wie Macron dreht sich im Kern um den Ort von Souveränität. Es stehen sich *Europa-Souveränisten* und *Nation-Souveränisten* gegenüber. Die eine Seite meint, dass die EU-Staaten in einer global verflochtenen Welt nur dann handlungsfähig und selbstbestimmt bleiben, wenn sie ihre Souveränität in europäischen Institutionen bündeln. Die andere Seite, deren Vertreter es rechts wie links gibt, pocht darauf, dass Souveränität fest an die Nation geknüpft sein muss, weil sie die einzige Quelle politischer Legitimität sein könne.[2] Streitigkeiten über die Verteilung von Geflüchteten, die mit Mehrheit gegen einzelne Regierungen durchgesetzt wurden, sind Ausdruck von diesem Grundkonflikt. Es geht dabei nur vordergründig um die Sachfrage selbst. Viel grundlegender ist, wer das letzte Wort hat, ob solche Entscheidungen wie derzeit vorgesehen tatsächlich nach dem Mehrheitsprinzip getroffen werden sollen und inwiefern der Europäische Gerichtshof die europäischen Rechtsprinzipien auch im Verfassungsrecht der Mitgliedsstaaten einfordern kann. Wenn Macron die schillernde Figur im Lager der europäischen Souveränität ist, dann ist Viktor Orbán sein Pendant auf der Gegenseite. Seit 2010 baut Orbán sein Land in einen illiberalen Staat um und gerät dabei immer öfter mit den EU-Institutionen in Konflikt: Bei der Einschränkung der Wissenschaft, Unterdrückung der Zivilgesellschaft, Gleichschaltung der Medien oder Abschaffung der Gewaltenteilung. Orbán bezeichnet die Kritik aus Brüssel als Beleidigung des ungarischen Volkes, das doch nur sein Selbstbestimmungsrecht ausüben würde. Und wenn die Selbstbestimmung des Volkes im Widerspruch zu den Prinzipien der Union steht, dann müsse die Nation das letzte Wort haben. Unabhängig der Sachfragen, denn bei der Flüchtlingsverteilung sind sich ein Viktor Orbán und ein Matteo Salvini ganz und gar nicht einig, ist diese Souveränitätslogik zum europäischen Zeitgeist eines erstarkten populistischen Nationalismus geworden. Selbstherrlich, aber nicht aus der Luft gegriffen, sagt Orbán: »Früher haben wir geglaubt, dass Europa unsere Zukunft ist. Heute spüren wir, dass wir die Zukunft Europas sind.«

Europa hätte die Trendwende hinlegen können, als es nach dem Brexit kurzzeitig zu dem beschriebenen europäischen Erwachen kam. Demoskopen maßen quer durch die Union Rekordwerte bei der Unterstützung für die EU-Mitgliedschaft des eigenen Landes. Ein »window of opportunity«, das offen stand für Reformen, ja für eine sinnvolle Vertiefung der EU in ausgewählten Bereichen. Warum haben es die proeuropäischen Kräfte nicht genutzt, während EU-skeptische Kräfte ihre Agenda längst umsetzten? Es hat einerseits natürlich mit politischem Willen zu tun, allen voran dem der Bundesregierung. Auf der anderen Seite – und das ist ein zentrales Argument dieses Buches – haben Populisten und Nationalisten einen strukturellen Vorteil im politischen Wettbewerb der EU: Es ist die Dysfunktionalität der europäischen Öffentlichkeit. Heutzutage sind Öffentlichkeiten in Europa in erster Linie national und digital organisiert. Das mag zunächst wie ein Gegensatz klingen, zeichnet sich die Digitalisierung doch durch die Entgrenzung von Kommunikation aus. Technologisch und strukturell trifft das zu, diskursiv nicht. Gemessen an den Themen, Akteuren und Perspektiven sind öffentliche Debatten über europäische Politik einseitig national geprägt, egal ob sie auf analogen oder digitalen Kanälen stattfinden. Die heutige Struktur der Öffentlichkeit spielt populistischen Nationalisten zweifach in die Hände: Zum einen brauchen sie ihre nationalistischen Positionen nicht gegenüber einem europäischen Gemeinwohl zu rechtfertigen, weil es dieses als Bewertungsmaßstab im Diskurs praktisch nicht gibt. Andererseits profitieren sie von den Algorithmen sozialer Medien, die keinem Gemeinwohlauftrag, sondern allein einem Aufmerksamkeitsauftrag der Digitalkonzerne folgen. Troll-Armeen, Fake News und Hass können in ihnen frei flottieren und Meinungsbildungsprozesse manipulieren. Dabei operiert die »digitale Rechte« transnational, koordiniert globale Attacken etwa auf nationale Wahlen. Im schlechtesten Fall steht am Ende ein desinformierter Wählerwille wie beim Brexit-Votum, als einzelne Wählergruppen mit lügnerischen »Dark Ads« auf Facebook bombardiert wurden. In jedem Fall sind die Öffentlichkeiten in Europa zu Resonanzräumen für Populismus und Nationalismus geworden, für die Legitimierung europäischer Politik bieten sie hingegen äußerst schlechte Umweltbedingungen.

Helmut Kohl erklärte 1995, dass die europäische Integration »irreversibel« sei. »Irreversibel heißt für mich«, präzisierte Kohl, »dass man später wohl über das Tempo der Integration in einzelnen Politikbereichen diskutieren kann, dass sich aber die Richtung nicht mehr verändern lässt.«[3] Das Votum für den Brexit ist nur der offenkundigste Beleg, dass Kohl sich geirrt hat. Im Jahr 2019 ist Desintegration in der EU ein politischer Fakt und erklärtes Ziel nicht weniger Regierungen. Und weitere Länder sagen: »Bis hierhin, aber nicht weiter«. Dabei sind es keineswegs nur konservative oder rechtsgerichtete Kräfte, die dem Voranschreiten der europäischen Integration offen entgegentreten. Zweifel gibt es genauso auf linker Seite: Der französische Linkenanführer Jean-Luc Mélenchon und Sahra Wagenknecht aus Deutschland sind führende Köpfe einer nationalorientierten Linken in Europa. Ihre Analyse lautet: Die EU tickt neoliberal, im Kampf zwischen Kapital und Arbeit steht sie systematisch auf der falschen Seite. Umverteilung, starker Arbeitnehmerschutz oder höhere Unternehmenssteuern seien mit ihr nicht umsetzbar. Auch im Lager der Sozialdemokratie wird die Enttäuschung über Europa zunehmend größer. Dort besteht der Eindruck, dass man die sozialdemokratischen Trophäen des 20. Jahrhunderts nur dort verteidigen könne, wo man sie errungen hat, also im Nationalstaat. Statt mit Souveränität argumentieren solche Stimmen mit Solidarität: Die Nation sei die einzige Gemeinschaft, in der man bisher zuverlässig Solidarität im Sinne materieller Umverteilung habe organisieren können. Kurzum: Mit Europa sei kein Sozialstaat zu machen. Und es stimmt ja, die europäische Integration ist bisher eine liberale Erfolgsstory, keine linke oder sozialdemokratische. In der EU sind ökonomische Freiheiten deutlich weiter entwickelt als soziale Sicherheiten. Aber der Rückgriff auf einstige »goldene Zeiten« stößt bei der Formulierung von Politik für die Zukunft eben auch an seinen Grenzen. So bleibt ein Widerspruch in den Apologien des Nationalstaats stets unaufgelöst: Wie will man ein kapitalistisches System, das unabhängig nationaler Grenzen operiert, in genau diesen einhegen? Muss demokratische Kontrolle nicht vielmehr auf der Ebene organisiert werden, wo die zu kontrollierenden Akteure handeln? Man muss die real existierende Europäische Union nicht mögen, aber man kann sie als Handlungsrahmen nicht ablehnen, wenn demokratische Souveränität und soziale Rechte in der Globalisierung verteidigt werden sollen. Man muss sie mit politischen Mehrheiten verändern.

Klar ist: EU-Kritik und Europafreundlichkeit sind keine Gegensätze. Im Gegenteil, wer die EU verteidigen will, muss sie kritisieren. Gerade jetzt in der Krise müsste Europa eigentlich heftig streiten. Aber bitte über das »Wie« gemeinsamer europäischer Politik, nicht über das »Ob«. Der vor den Nazis geflüchtete Wirtschaftswissenschaftler Albert O. Hirschmann hat in seinem Grundlagenwerk »Abwanderung und Widerspruch. Reaktionen auf Leistungsabfall bei Unternehmungen, Organisationen und Staaten« (1974) drei Handlungsoptionen für Bürgerinnen und Bürger skizziert, deren Institutionen sich in einer existenziellen Krise befinden: Sie können kollektiv ihre Stimme erheben (Widerspruch), die Institution verlassen (Abwanderung) oder den Frust in sich hineinfressen und treu bleiben (Loyalität). Den meisten Menschen in der EU bleibt heute nur die letzte Option, auch weil in vielen Ländern die zweite Option verfassungsbedingt gar nicht über ein Referendum erreichbar wäre. Sie müssten Regierungen wählen, die den Ausstieg irgendwie für sie durchsetzen. Viel sinnvoller wäre es jedoch, endlich die erste Option zu ermöglichen: den Widerspruch der Bürgerinnen und Bürger. Wenn wir die EU verändern wollen, sie etwa demokratischer, sozialer, nachhaltiger gestalten möchten, dann brauchen wir einen angemessen Kommunikationsraum, in dem wir über den Weg dorthin diskutieren können. Meine Prognose lautet: Von hieran ist kein substanzieller europäischer Integrationsschritt mehr ohne eine europäische Öffentlichkeit möglich. Es muss eine europäische Öffentlichkeit geben oder es wird irgendwann die Europäische Union nicht mehr geben. Jeder noch so logische nächste Schritt, wie etwa die Einrichtung eines Euro-Finanzministers, wird heute von einem aus Ängsten, Vorurteilen und Selbstbezug zusammengesetzten nationalen Filter aussortiert. Die große Mehrheit der Menschen in Europa fühlt sich als EU-Bürgerinnen und Bürger. An europäischer Identität mangelt es heute bei den Menschen nicht mehr unbedingt, aber keine Struktur bringt sie zusammen, um sich über ihre gemeinsamen bürgerschaftlichen Belange zu verständigen. Auf der anderen Seite treffen EU-Politikerinnen und -Politiker weitreichende Entscheidungen, für deren Legitimierung ihnen der öffentliche Raum fehlt. Mehr noch: Weil heute die legitimierten Entscheidungen europäischer Institutionen nahezu folgenlos von nationalen Regierungen ignoriert werden können, ist jeder weitere Integrationsschritt zum Scheitern verurteilt, wenn er nicht mit der Schaffung einer Öffentlichkeit als essentiellen Reproduktionsmechanismus genau dieser demokratischen Legitimität einhergeht. Warum ein solcher europäischer Kommunikationsraum bisher nicht entstanden ist, wie man ihn mit Hilfe digitaler Technologie aber schaffen könnte, möchte dieses Buch beantworten.

Das Buch folgt einem simplen Aufbau: Problem, Ursache und Lösung. Letzteres möchte natürlich nur als ein Lösungsvorschlag, nicht als Allheilmittel verstanden werden. Das erste Kapitel nähert sich dem Problem anhand der europäischen Krisendiskurse der letzten Jahre. Diese entpuppen sich als ein Teufelskreis aus Krise, News und Nationalismus: Europäische Politik ist vor allem dann für die Medien attraktiv, wenn sie als Krise erzählt werden kann. Hinter den Krisen stehen Konflikte zwischen den Mitgliedsländern, die medial nicht nur konfrontativ zugespitzt werden, sondern auch anhand von Auf- und Abwertungen die Abgrenzungen zwischen den Nationen befördern. Diese Diskurse stärken das Nationalbewusstsein der Bürgerinnen und Bürger, die Unterstützung für gemeinsame Lösungen gerät dagegen ebenfalls in die Krise. Das zweite Kapitel geht den Ursachen für diesen toxischen Europadiskurs auf den Grund. Es fehlt an einer europäischen Öffentlichkeit, die bis heute weder über die Europäisierung nationaler Öffentlichkeiten, noch eines europäischen Supermediums, noch mit Hilfe digitaler Kanäle geschaffen werden konnte. Die Mitgliedstaaten reden zwar über die EU und übereinander, aber nicht miteinander. Europa verhandelt europäische Themen in nationalen Filterblasen statt in einem europäischen Kommunikationsraum. Soll heißen: Die Bürgerinnen und Bürger bekommen Informationen über europäische Politik durch einen nationalen Filter serviert. Dieser Filter ist kein Algorithmus, sondern eine mediale Diskursordnung, die von einer einseitig nationalen Sicht auf europäische Belange geprägt ist. Sie legt den Fokus auf den nationalen Saldo statt die europäischer Solidarität, sie konstruiert das europäische Kollektiv auf Basis nationaler Narrative. Mit anderen Worten: In den Öffentlichkeiten gibt es ein Verständnis von und die Präferenz für ein »französisches Europa«, ein »deutsches Europa« oder ein »ungarisches Europa«, aber eben nicht für ein *europäisches* Europa, das sich aus einem europäischen Frankreich, Deutschland und Ungarn zusammensetzt. Für einen Austausch sind die Wände der nationalen Blasen zu robust. Folglich fehlt es an einem Gefühl von Zusammengehörigkeit in Europa, weil das nicht allein durch die Summe nationaler Zugehörigkeitsgefühle zur EU entstehen kann. Das dritte Kapitel nimmt einerseits die weithin unerschöpften digitalen Potenziale für eine europäische Öffentlichkeit zum Ausgangspunkt. Andererseits setzt es bei den von privatwirtschaftlichen Interessen übertrumpften demokratischen Möglichkeiten der Digitalisierung an. Soziale Netzwerke sind Resonanzräume für Populisten geworden, ihre Algorithmen unterscheiden nicht zwischen Fakten und Fakes, sie folgen einem Geschäftsmodell statt einer demokratischen Grundordnung. Es sind Plattformen wie Facebook, Google oder YouTube, die den digitalen öffentlichen Raum privatisiert und oligopolisiert haben. An ihnen geht kaum ein Datenstrom im digitalen Ökosystem mehr vorbei. Unter ihrer Kontrolle ist die Relevanz, Sichtbarkeit, Verbreitung und Darstellungsform öffentlicher Belange. Sie haben die Hoheit über persönliche Daten, ja ihnen gehört die Infrastruktur, auf der sich demokratische Öffentlichkeit im Netz konstituiert. Man könnte sagen: Mit der Digitalisierung ist die Öffentlichkeit der Öffentlichkeit abhandengekommen. Davon ausgehend formuliere ich den Vorschlag für eine *Plattform Europa* in öffentlicher Hand. Diese Plattform verfolgt im Wesentlichen zwei Ziele: Erstens eine Demokratisierung des digitalen Raums in Europa, somit die Schaffung einer digitalen Öffentlichkeit nach europäischen Werten, die dem Gemeinwohl und der europäischen Demokratie dient. Eine solche Plattform in die öffentliche Hand zu geben, kann durchaus als ein Schritt zur Institutionalisierung des Internets verstanden werden – nachdem man feststellen muss, dass das uninstitutionalisierte Internet nach demokratischen Maßstäben gescheitert ist, wenn nicht gar zu einer Gefahr für die Demokratie geworden ist. Zweitens sollen die dezentralen, nationenunabhängigen Strukturen des Netzes endlich für die europäische Integration nutzbar gemacht werden. In seinem vielbeachteten Buch »The People vs Tech« argumentiert Jamie Bartlett, dass die Demokratie und das Internet in ihren Wesen unvereinbar miteinander seien. Ich argumentiere: Die Demokratie ist sehr wohl für die digitale Welt gemacht, aber die digitale Welt bisher nicht für die Demokratie. Weil die Digitalisierung bis heute von der Wirtschaft, nicht von der Demokratie gesteuert wird. Europa könnte das ändern. Muss es ändern. Denn im Grunde ist das Internet wie für die europäische Demokratie gemacht. Es kann geographische, sprachliche und kulturelle Grenzen besser überwinden als jedes andere Medium. Auf der Plattform Europa geht es deshalb darum, die Infrastruktur für einen europäischen Kommunikationsraum zu schaffen, der die zentralen Bedürfnisse einer europäischen Demokratie erfüllen kann. Auch wenn die konkreten Funktionen und Inhalte der Plattform Europa (im Gegensatz zur EU) unbedingt bottom-up statt top-down entwickelt werden sollten, möchte ich als »Basisausstattung« vier Bereiche vorschlagen: Ein europäischer Newsroom für einen paneuropäischen Diskurs über europäische Themen; Unterhaltungs- und Kulturangebote zur Repräsentation eines *European Way of Life;* Instrumente der *politischen Partizipation* zum Abbau des Beteiligungsdefizit in der EU sowie *Apps,* die alle Bürgerinnen und Bürger unabhängig von ihrer Mobilität von der europäischen Integration profitieren lassen. Sprachbarrieren lassen sich heute mit Hilfe Künstlicher Intelligenz überwinden – sogar in Echtzeit. Ja, in Anbetracht der technologischen Entwicklungen kann man damit rechnen, dass die nächste digitale Entwicklungsstufe das »übersetzte Internet« sein wird. Das ist ein Meilenstein für die europäische Öffentlichkeit. Der Datenschutz wird sich auf der Plattform an den Interessen der Nutzerinnen und Nutzer, nicht irgendeines Unternehmens orientieren. Die Algorithmen würden persönliche Vorlieben mit gesellschaftlicher Relevanz verbinden, aber nicht jene belohnen, die Hass oder Hetze verbreiten. Die Inhalte liefern Kooperationspartner wie Medienhäuser, Theater, Universitäten oder Museen, die heute ihrerseits nach attraktiveren Verbreitungswegen als YouTube und Co suchen. Und die Inhalte werden, dort wo europäische »Versorgungslücken« existieren, selbst produziert oder in Auftrag gegeben (zum Beispiel europäische Serien). In diesem postnationalen Kommunikationsraum kann Europa seine demokratischen Werte gegenüber illiberalen Regierungen verteidigen, die in rasendem Tempo nationale Medien und Kulturinstitute zu Propagandaorganen umbauen. Laut Reporter Ohne Grenzen hat sich 2017 der Zustand der Pressefreiheit in keiner Region der Welt so sehr verschlechtert wie in Europa. Mit der Plattform Europa würde die europäische Demokratie einen Wachhund bekommen, der gleichermaßen EU-Institutionen wie auch nationale Regierungen im Blick hat. Nicht zuletzt wäre die Plattform ein mächtiger europäischer Player in der heutigen Plattformgesellschaft, der, anders als seine zumeist amerikanischen Konkurrenten, zu allererst einem Gesellschaftsauftrag statt einem Geschäftsmodell unterliegt. Populismus, Desinformation oder »Hate Speech« fungieren dann nicht mehr als Quellen für Wertschöpfung, sondern sind zu sanktionierende Verstöße gegen den rechtlichen und normativen Rahmen, in dem die Europäische Union angelegt wurde.

Gewiss: Ich sehe Europas Probleme auch deshalb als Kommunikationsprobleme, weil politische Kommunikation mein Beruf ist. Naturgemäß leide auch ich unter einer *déformation professionnelle*. Übrigens auch einer nationalen – das gehört zur Ehrlichkeit, wenn man ein Buch über Europa schreibt. Mir ist vollkommen klar, dass sich Europas Probleme nicht allein durch »Reden« lösen, es braucht entschiedenes politisches Handeln. Auch institutionelle Veränderungen sind nötig, damit in der europäischen Politik eine Konfliktkultur entsteht, die für die Medien berichtenswert wäre. So bräuchte es im Europäischen Parlament den Streit zwischen »Regierungsmehrheit« und »Opposition«, im europäischen Rat müssten sich vielmehr politische als nationale Lager gegenüberstehen. Doch die Dinge hängen zusammen. Das politische Europa funktioniert nicht ohne ein ebenbürtiges öffentliches Europa. Im Herbst 2013 habe ich dazu eine Erfahrung gemacht, die zu einem ersten Anstoß zu diesem Buch werden sollte: Damals arbeitete ich als Wahlkampfmanager der Europäischen Grünen Partei zu den Europawahlen 2014. Im Europäischen Parlament vertrat ich meine Spitzenkandidatin bei den Verhandlungen zwischen Parlament, Parteien und Medien über die Organisation der ersten europäischen TV-Debatte. Die europäischen Parteien hatten erstmals Spitzenkandidaten für das Amt des Präsidenten der EU-Kommission nominiert. Es war ein demokratischer Fortschritt, dass zwischen dem Ausgang der Europawahl und der Besetzung des wichtigsten Postens in der EU nun ein engerer Zusammenhang geschaffen wurde. Von diesem Plus an Einfluss der Wählerinnen und Wähler sowie der Personalisierung versprachen wir uns in Brüssel eine höhere Attraktivität der Europawahlen und folglich eine stärkere Wahlbeteiligung. Doch es gelang uns nicht, die nationalen TV-Sender davon zu überzeugen, dieses Novum der EU-Geschichte in das Hauptprogramm zu ziehen. Stattdessen strahlten Spartenkanäle wie Phoenix, BBC Parliamentary Channel oder France24 die Debatte aus. Das ernüchternde Ergebnis: Am Wahltag kannte kaum jemand die EU-Spitzenkandidaten, in Tschechien und Großbritannien waren es gerade einmal 5 Prozent der Wahlberechtigten. Noch schlimmer: Die Wenigsten wussten von dem gestiegenen Einfluss ihrer Wählerstimme auf die Besetzung des Chefpostens der EU-Kommission. Dagegen konnte aber immerhin bei den wenigen Wählerinnen und Wählern, die davon wussten, ein »Mobilisierungseffekt« nachgewiesen werden. Die Spitzenkandidaten waren ein Grund für sie, wählen zu gehen, wie eine Nachwahlbefragung ergab. Es war also mal wieder Sache von *hätte, können, sollen.*

Die Zeit der verpassten Chancen, der nicht genutzten Gelegenheitsfenster muss nun vorbei sein – bevor es mit der EU vorbei ist. Die Binse, dass in jeder Krise auch eine Chance liegt, kann man für das Europa der letzten Jahre streichen. Vielleicht hat Europa nur noch diese eine Chance: Dem Austausch, dem konstruktiven Streit, der Empathie, dem Gemeinsamen, den Vorteilen, aber auch der Kritik an der europäischen Einigung einen angemessenen Resonanzraum zu geben. Diese Chance ist die Plattform Europa.

_KAPITEL 1
DAS PROBLEM: EUROPA IM TEUFELSKREIS DER KRISENDISKURSE

DIE NEUEN PROEUROPÄER

Der Wandel, der sich in den letzten Jahren im öffentlichen Diskurs über die europäische Integration vollzogen hat, lässt sich in einem Mann personifizieren: Sebastian Kurz. Er trat drei Tage nach seinem Wahlsieg bei den Nationalratswahlen in Österreich 2017 vor die Mikrofone, um genau eine Botschaft zu platzieren: »Ich bin Proeuropäer.« Die Medien gestanden ihm dieses Label fortan unkritisch ein, auch politische Konkurrenten erhoben keinen Widerspruch. Gerade weil diese Bezeichnung im Widerspruch zu vielen Aussagen in seinem Wahlkampf steht, war es ein erster, sehr wichtiger »Spin«, den Kurz noch vor seiner offiziellen Vereidigung zum Bundeskanzler Österreichs setzte. Denn im ersten Jahr seiner Kanzlerschaft wurde Wien zu einem politischen Machtzentrum Europas: Im Juli 2018 übernahm die Regierung Kurz den rotierenden Vorsitz des Rates der EU. Das vorsitzende Land hat für ein halbes Jahr die Hoheit über die Tagungsordnung des mächtigsten EU-Entscheidungsorgans, das sich aus den Chefs oder Ministern der nationalen Regierungen zusammensetzt. Den Österreichern fiel diese Rolle in dem Moment zu, als die neue Regierung ein neues Kapitel in der Europapolitik des Landes aufschlug. Österreich galt lange Zeit in der Europäischen Union als östlichstes der westlichen Mitgliedstaaten. Seit dem Amtsantritt der konservativ-rechtspopulistischen Regierung ist es politisch eher das westlichste der östlichen Länder. Zu beobachten war dieser Wandel in der Vorbereitung und Ausführung des EU-Ratsvorsitzes.

Es hat Tradition, dass die Regierungen ihren Ratsvorsitz unter ein Motto stellen. Bevor Österreich am Zuge war, führte die bulgarische Regierung die Union unter dem Slogan: »Zusammen sind wir stark«. Österreich wählte den Leitspruch »Ein Europa, das schützt«. Dieses Motto hatte die österreichische Regierung wenig originell formuliert, war es doch wortwörtlich aus Emmanuel Macrons Wahlprogramm kopiert. Mit »Une Europe qui protège« hatte er das Europakapitel seines Programmes zur Präsidentschaftswahl 2016 überschrieben.[4] Der Slogan hatte im französischen Wahlkampf gut funktioniert, weil er sich an die multiplen Ängste einer breiten Mittelschicht des Landes richtete. Macron versprach Schutz vor den sozialen Bedrohungen der Globalisierung, vor der ruinösen Steuervermeidung multinationaler Unternehmen, vor den Folgen des Klimawandels, vor der Gefahr durch den Terrorismus. Nun sind Slogans aber nur Hülsen und können folglich ganz unterschiedliche Inhalte umschließen. So nutze die Regierung Kurz zwar denselben erfolgsgeprüften Wortlaut, stellte aber ein Thema an die oberste Stelle ihrer Agenda, das für Macron keiner Schutzpolitik bedurfte: »Sicherheit und Kampf gegen illegale Migration«. Nach der Kurz'schen Interpretation dieses Mottos sollte Europa seine Bürgerinnen und Bürger in erster Linie vor Menschen beschützen, die ihrerseits auf der Suche nach Schutz sind und ja erst in Ermangelung legaler Fluchtwege nach Europa zu »illegalen Migranten« werden. Hinter dem Versprechen vom *Schutz vor Schutzsuchenden* steckt das Verständnis von Flüchtlingen als physischer Gefahr: Drei Tage vor Übernahme des EU-Ratsvorsitzes führte die österreichische Regierung mit der Polizei- und Militärübung »Pro Borders« öffentlichkeitswirksam vor, wie sie mit Radpanzern und »Black Hawk«-Kampfhubschraubern das eigene Volk vor dieser »Bedrohung« im »Ernstfall« schützen würde.

Das Empfinden von einer akuten Gefahr von außen ist die Voraussetzung für ein Schutzverlangen im Inneren. Aus dieser Angst akquiriert sich die Unterstützung für das Projekt »Festung Europa«. Gewiss: Österreich übernahm den Ratsvorsitz der EU in einer politisch festgefahrenen und emotional polarisierten Lage, insbesondere in der Flüchtlingspolitik. Sebastian Kurz betonte unermüdlich sein Selbstverständnis vom »Brückenbauer« – ein zweites Etikett, das er sich neben dem Proeuropäertum anheftete. Vermitteln wollte er insbesondere zwischen der migrationskritischen Visegrád-Gruppe (Ungarn, Polen, Slowakei und Tschechien) und migrationsfreundlicheren Regierungen wie Deutschland, Spanien, Griechenland und (mit Abstrichen) Frankreich. Bei einem Treffen der Visegrád-Länder plus Österreich im Juni 2018 kündigte sich jedoch bereits an, dass Kurz eher Brückenkopf als Brückenfläche im Konflikt dieser Regierungen sein würde. Kurz und die vier osteuropäischen Regierungschefs verkündeten bei ihrem Treffen in Budapest, dass man sich in der Flüchtlingspolitik in allen Punkten einig sei: keine solidarische Verteilung von Asylberechtigten innerhalb der EU, militärischer Schutz der Außengrenzen sowie die Einrichtung von Zentren für die Asylantragstellung außerhalb der Union. Viktor Orbán sagt nach dem Treffen in einem Radiointerview: »Die Visegrád-Staaten, Österreich und Italien bilden ein Lager in der Migrationspolitik.«[5] Die Gemeinsamkeiten zwischen Wien und den Regierungen, die sich hinter der Vision vom »Europa der Vaterländer« vereinen, beschränken sich allerdings nicht auf die Asylpolitik. Und hier vollzieht sich der europapolitische »Shift« Österreichs: Auch wenn es um Kürzungen im EU-Budget geht oder um die Beschneidung sozialer Rechte von in Österreich lebenden EU-Bürgern, hat die ÖVP/FPÖ-Regierung insgesamt einen Kurs eingeschlagen, bei dem sich die EU stärker »zurücknehmen« – so stand es in den offiziellen Prioritäten der österreichischen Ratspräsidentschaft – und die Mitgliedsstaaten entscheiden lassen soll.[6] Selbst wenn man in manchen Einzelfragen wie der Verteidigungspolitik zu mehr europäischer Kooperation bereit sein mag, hatte sich Österreich in der gegenwärtig wichtigsten Auseinandersetzung über die Zukunft der Europäischen Union klar positioniert: Nicht ein starkes Europa, sondern die starke Nation soll der Ort von Souveränität sein. Kurz steht für ein »Europa mit weniger Europa«. Es ist auf sein kommunikatives Geschick zurückzuführen, dass er sich trotz seiner national ausgerichteten europapolitischen Agenda unwidersprochen als »Proeuropäer« bezeichnen kann. Er darf dieses Etikett mittlerweile sogar für seine gesamte Regierung reklamieren, die FPÖ inklusive, weil der Kanzler seinem Koalitionspartner abgewöhnt hat, den Austritt aus dem Euro und ein Referendum über die EU-Mitgliedschaft zu fordern. Die europäische Gemeinschaft nicht verlassen zu wollen, gilt nach der Lesart von Kurz schon als proeuropäisch. Die Gleichung *wenn ich nicht dagegen bin, bin ich dafür* geht allerdings nicht auf. Im ersten Artikel der Europäischen Verträge ist formuliert, dass die EU-Mitgliedsstaaten eine immer tiefergehende Union (»ever closer union«) zwischen den Bürgerinnen und Bürgern Europas schaffen wollen. Im Kern war das jeher das Leitmotiv, das der Politik der EU-Institutionen und »proeuropäischen« Länder zugrunde lag. Ganz im Sinne Helmut Kohls. Europa ist demnach nicht Status quo, sondern ein Weg zu einer vollkommeneren Gemeinschaft. Diesen Weg der Vertiefung wollen Kurz und das »Vaterländer«-Lager nicht gehen. Wenn diese Regierungen »Ja« zu Europa sagen, dann sagen sie »Ja« zu einem zurechtgestutzten Europa: Eines, dass die Nationalstaaten stärkt, Kompetenzen renationalisiert, die Entscheidungen im Europäischen Rat mit Einstimmigkeitsprinzip zwischen nationalen Regierungen trifft und den supranationalen Institutionen ihre legislative, ja insgesamt politische, Potenz raubt. Nur ist ein solches Europa ein Europa des Nationalismus und damit das Gegenteil von dem, was die EU-Verträge langfristig vorsehen.

Warum lohnt es sich, auf der Selbsternennung von Sebastian Kurz zum »Proeuropäer« so sehr herumzureiten? Weil sie ein Zeugnis für das Diskursversagen über europäische Politik ist, das in diesem

Kapitel ausführlich problematisiert wird, und deren Ursachen im zweiten sowie eine Lösung im dritten Teil des Buches beschrieben werden. Kurz ist eine weitreichende sprachliche Verschiebungsleistung gelungen, die das heutige Denken über Europa prägt: Lange Zeit wurden jene politischen Kräfte in Europa als »proeuropäisch« bezeichnet, die möglichst bald *mehr* Integration innerhalb der Europäischen Union durchsetzen wollten. Das »Pro« stand dabei nicht so sehr für den eigentlich Wortsinn (»für«), sondern eher für »Progression«. Man versprach sich eine bessere Zukunft in einer schnell fortschreitenden Vertiefung der EU. »Contra-Europäer« gab es – abgesehen von einigen rechtspopulistischen Pionieren – lange Zeit kaum, auch deshalb konnte »pro« mit »mehr« statt nur mit »für Europa« gleichgesetzt werden. In vielen EU-Ländern verlief die Konfliktlinie im politischen Mainstream zwischen jenen, die eine schnellere europäische Integration wünschten (meist sozialdemokratische, liberale und grüne Kräfte) und solchen, die es langsamer angehen wollten oder mit dem Status quo zufrieden waren (meist konservative Parteien). Bis zur Eurokrise waren Proeuropäer in der Regel europäische Föderalisten, also Unterstützer einer föderalen Struktur der EU mit europäischer Regierung. Ein Prinzip, das sich auch in Konzepten wie den »Vereinigten Staaten von Europa« oder der »europäischen Republik« niederschlägt. Proeuropäer fühlten sich als Vorreiter auf dem alternativlosen Weg zur Vollendung der Union. Die WELT beschrieb diese politische Spezies am 12. Oktober 2012 noch wie folgt:

»Proeuropäische Verbände versuchen, für noch mehr Integration in der EU zu werben. Das wird immer schwieriger. Denn die Bürger sind wegen der Krise verunsichert. Skeptische Stimmen finden Gehör.«

Heute, eine Euro-, Brexit- und Migrationskrise später, ist »für« Europa längst nicht mehr gleichbedeutet mit »für mehr« Integration. Die Richtung des Weges der EU scheint längst nicht mehr alternativlos. Man kann den »Proeuropäern« der alte Schule sicher ein Versäumnis vorwerfen: Zu selten haben sie ausreichend erklärt, für *welches* Europa sie eigentlich stehen. Mehr Europa bedeutet nicht gleichzeitig ein besseres Europa. Es ist zum Beispiel schwer vermittelbar, warum die EU-Kommission in die Organisation des öffentlichen Nahverkehrs von Kommunen reinreden will. Die Verbesserung des grenzüberschreitenden Verkehrs hingegen würde als zusätzlicher Impuls aus Brüssel deutlich plausibler erscheinen. Aus dem Versäumnis der Einen wurde der Triumph der Anderen: Kurz und Konsorten haben es geschafft, dass heute unter »für Europa« auch »für ein Europa mit weniger Europa« verstanden werden kann. Diese Bedeutungsverschiebung wird von Medien und anderen politischen Kräften stillschweigend unterstützt, weil sie das Selbstverständnis von Kurz nicht kritisch hinterfragen. Mehr noch, sie haben an anderer Stelle diese Verschiebung aktiv befördert. Und das bereits vor Sebastian Kurz. So geschehen am 16. Mai 2017, als die Tagesschau über die Parlamentswahlen in den Niederlanden berichtete: »Die Niederlande bleiben auf Proeuropa-Kurs«, verlas die Sprecherin Susanne Daubner als erste Nachricht der Sendung. Hinter ihr ein Bild von dem Wahlsieger Mark Rutte von der liberalen Volkspartei für Freiheit und Demokratie (VVD). Rutte ist kein »für mehr«-Europäer, kein Proeuropäer im klassischen Sinne. In Brüssel ist er vielmehr der »Nein«-Europäer, lehnt einen größeren EU-Haushalt, ein Eurozonen-Budget und einen Euro-Finanzminister vehement ab. In seinem Wahlprogramm stand: »Brüssel mischt sich in zu viele Bereiche ein«. Weiter: »Die EU sollte sich auf ihr Kerngeschäft konzentrieren. Dieses Kerngeschäft bezieht sich in erster Linie auf die Wirtschaft. Alles andere können die Mitgliedsstaaten viel besser für sich selbst regeln.«[7] Europa als reiner Binnenmarkt, nicht als politische oder gar kulturelle Union. Eine deutliche Absage an den Weg der europäischen Integration, der einen gemeinsamen Markt und eine gemeinsame Währung längst erreicht hat, aber vor dessen nächster Etappe, eine wirkliche europäische Demokratie, Politiker wie Rutte oder Kurz zurückschrecken. Doch Ruttes größter Konkurrent war in diesem Wahlkampf der rechtspopulistische und anti-europäische Geert Wilders. Wilders wurde von den Medien zum Maßstab der europäischen Haltung gemacht. Das Duell lautete: Wilders, der Anti-Europäer gegen Rutte, den Proeuropäer. Wäre nicht Wilders der ärgste Konkurrent Ruttes gewesen, sondern wie in früheren Zeiten die tatsächlich proeuropäische sozialdemokratische Partei, hätte die Tagesschau bei einem Wahlsieg Ruttes mit »Die Niederlande wählt EU-kritisch« aufmachen müssen. Doch die Maßstäbe haben sich in den letzten Jahren verschoben. Nach beinahe Grexit und tatsächlichem Brexit ist »pro« nicht mehr »progressiv-europäisch«, sondern schlichtweg »contra Exit«.

Martin Schulz, ein über weite Strecken »Proeuropäer« im klassischen Sinne, scheint das offenbar aufgefallen zu sein. Im Dezember 2017 sagte er beim SPD-Parteitag zu den Delegierten: »Wir sind radikale Proeuropäer«. Er wollte sich absetzen von den neuen »Proeuropäern« von der Sorte Kurz und Rutte. Es kann allerdings nicht im Sinne Schulz' sein, den Unterschied zu ihnen in der Qualifizierung von ein und derselben Kategorie zu markieren. Denn tatsächlich trennen Politiker wie Schulz und Kurz fundamental unterschiedliche Geisteshaltungen in Bezug auf die Zukunft der EU. Der Unterschied ist nicht, dass der eine ein »radikaler« und der andere ein »moderater« Proeuropäer ist, sondern dass der eine starke Nationalstaaten, der andere starke europäische Institutionen zum Ziel hat. Die Souveränität kann nicht gleichermaßen auf der nationalen und europäischen Ebene liegen. Die Konfliktlinie lautet »nationale versus europäische Souveränität« und sie muss sprachlich angemessen zum Ausdruck kommen. Aber weil alle, ob Staatenbund oder Föderation, *für* irgendein Europa (manche gar für ein neofaschistisches) sind, taugt das gleichsam wohlklingende, aber nunmehr nichtssagende Nomen vom »Proeuropäer« nicht als sprachlicher Unterscheidungsrahmen. Schließlich will mittlerweile auch Marine Le Pen »Europa retten«. Mit »Raus aus der EU« machen heute selbst die Rechtspopulisten keinen Wahlkampf mehr. Sie wollen nun rein nach Europa, um »die Sache von innen zu verändern«, wie Matteo Salvini meint. Am Ende soll das Europa der souveränen Nationen stehen, in dem ein einzelner Staat nicht mehr von einer Mehrheit überstimmt werden kann, in dem der EuGH die EU-Mitglieder nicht mehr zu Strafen verdonnern kann, in dem Nationen stark sind und Europa schwach ist.

Es scheint, als sei in der Öffentlichkeit der Kompass für die europäische Integration, für das, was die EU-Mitglieder in den europäischen Verträgen erklären, abhandengekommen. Das hat mit dem einseitig nationalen Blick auf europäische Politik in national organisierten Öffentlichkeiten zu tun. »Für Europa« heißt in der nationalen Logik »für ein Europa, das uns nutzt.« Ein gesamteuropäischer Nutzen existiert als Deutungsschema im Grunde nicht. Deutung hängt in der Öffentlichkeit stark mit der Bedeutung von Begriffen zusammen. Deshalb macht Sebastian Kurz auf geschickte Weise mit der Besetzung und Umdeutung von Begriffen Politik. In diesem Fall wird das politische Ziel, das hinter einem Begriff steht, in seiner Richtung umgekehrt. Dabei fügt sich das sogenannte Proeuropäertum von Kurz in ein Geflecht von Sprachgewohnheiten über Europa ein, das wie ein Teppich den Kerngedanken der europäischen Integration verdeckt.

WIE WIR EIN GROSSES WERK KLEINREDEN

Spätestens an dieser Stelle muss eine Frage geklärt werden: Warum ist Sprache im politischen Diskurs relevant und welchen Einfluss kann sie auf die Entscheidungen, ja auf das Schicksal einer Gesellschaft haben? Diese Frage ist gerade in Hinblick auf Europa wichtig: Meinen wir überall in der Union das Gleiche, wenn wir von Europa sprechen? Bedeutet *Europa,* dass am Ende immer Deutschland zahlt? Oder dass alle Länder zahlen, aber am Ende nur Deutschland profitiert? Zur Relevanz von politischer Sprache lohnt sich ein kleiner theoretischer Exkurs: Zum Konzept der diskursiven Konstruktion der Wirklichkeit hat der französische Soziologe Michel Foucault Entscheidendes beigetragen. Für Foucault repräsentiert der öffentliche Diskurs die »Wissensordnung« der Gesellschaft. Im Diskurs produziert und verhandelt eine Gesellschaft ihr Wissen und schafft sich somit ein Verständnis von der Wirklichkeit. Wesentlicher Bestandteil der Wissensordnung sind Begriffsbedeutungen, die Definition von Normalität und Abweichung, die Bestimmung von Sag- und Denkbarem und somit auch von Unsag- und Undenkbarem. Kurzum: Sprache ist ein Machtfaktor. Hoheit über die Sprache bedeutet Hoheit über das Denken. Das Denken darüber, wie die Wirklichkeit beschaffen ist. Welche Probleme vorliegen, wie es sich bei diesen mit Ursache und Wirkung verhält, welche Lösungen sich ableiten lassen, welche irrational erscheinen. Begriffe sind im Politischen selten neutral, weil sie trotz vermeintlich eindeutigem Antlitz mit ideologischer Bedeutung gefüllt werden. So twitterte Marine Le Pen, als das Ergebnis des Brexit-Referendums in Großbritannien feststand: »Ein Sieg der Freiheit«. Für die französische Rechtspopulistin wird Freiheit durch Nationalismus verwirklicht, für Andere können europäische Länder erst durch ihren Zusammenschluss mehr Freiheit in einer globalen und von gegenseitigen Abhängigkeiten geprägten Welt erreichen. Freiheit postulieren alle, wie diese Freiheit beschaffen ist und wie sie erreicht wird, beantworten politische Strömungen höchst unterschiedlich.

Wenn man die etwas theorielastigen Einlassungen Foucaults über die realitätsformende Wirkung von Sprache lebensnäher begreifbar machen will, bietet sich das interdisziplinäre Modell vom *Framing* an. Ein Ansatz, der in der Politik-, Kommunikations- und Kognitionswissenschaft sowie der Psychologie angewendet wird. Fachübergreifend wird *Frame* als ein Deutungsrahmen verstanden, durch den wir – wie durch eine Brille – ein Thema wahrnehmen. Die Kommunikationswissenschaft untersucht zum einen das Framebuilding, also die Art und Weise, wie Medien ein Thema beschreiben. Dazu gehört, welche Aspekte dieses Themas einbezogen und welche ausgelassen werden, aber auch welche sprachlichen Mittel (zum Beispiel Metaphern) oder Kausalzusammenhänge Bestandteil des medialen Deutungsrahmens sind. Journalisten können *nicht* nicht »framen«, weil Auswahl (Aspekte) und Erklärung (Zusammenhänge, Metaphern) wichtiger Bestandteil ihrer gesellschaftlichen Aufgaben sind. Zum anderen untersucht die Kommunikationswissenschaft aber auch »Framing-Effekte«. Das heißt, inwiefern sich Meinungen und Einstellungen bei Menschen verändern, wenn sie Medienberichte und deren Frames konsumieren. An dieser Stelle setzen auch die Framing-Analysen der Kognitionswissenschaft an. Sie untersuchen anhand der Messung von Gehirnaktivitäten, welche Assoziationen, Werte und Gefühle bestimmte Begriffe bei Menschen aktivieren. Folglich welche Deutungen und Einstellungen durch eine bestimmte Sprache befördert wird. Wenn ein Kommunikationswissenschaftler sagt, ein Journalist kann *nicht* nicht framen, würde eine Kognitionswissenschaftlerin ergänzen, ein Mensch kann *nicht* nicht framen. Denn so, wie es die Aufgabe von Journalisten ist, das Geschehen auf der Welt zu beschreiben, ist es das Bedürfnis von Menschen, diesem Geschehen einen Sinn zu geben. Framing ist also etwas zutiefst Menschliches. Um der Realität einen Sinn zu geben, assoziieren wir das Neue mit dem Altbekannten. Wir framen, um zu verstehen.

In die Wissenschaft führte der kanadische Sozialwissenschaftler Erving Goffman den Framing-Begriff in den 1970er-Jahren ein. Die breite deutsche Öffentlichkeit erreichte er 2018 in der Debatte um die europäische und deutsche Asylpolitik. Dort fiel insbesondere die CSU wochenlang durch ein ganz bestimmtes Framing auf. Wenn Politiker framen, dann packen sie mit ihrer Wortwahl einen Sachverhalt in einen ganz bestimmten Deutungsrahmen. Wer bewusst und klug das Framing nutzt, kann überzeugender über seine eigene politische Agenda sprechen. Im Sommer vor den bayerischen Landtagswahlen 2018 sprachen CSU-Spitzenpolitiker im Akkord von »Asyltourismus« in Europa und »Asylgehalt« in Deutschland. Fast jeder und jede verbindet mit »Tourismus« natürlicherweise eine freiwillige, zeitlich begrenzte Reise zur Erholung mit anschließender Heimkehr. Das heißt, mit diesem Begriff unternahm die CSU eine Relativierung des Leids von Flüchtlingen, die in den allermeisten Fällen unfreiwillig wegen Kriegen, Gewalt oder Unterdrückung aufgebrochen sind. Weil die Mehrheit unter dem Begriff »Gehalt« eine Entlohnung für eine Arbeitsleistung verstehen dürfte, entfremdete die CSU auch sprachlich die Sozialleistung des Asylgeldes von der Idee des solidarischen Akts der Gemeinschaft gegenüber Hilfsbedürftigen. Diese Begriffe erzeugen ein Bild von der Wirklichkeit, in der Geflüchtete nicht nach Schutz, sondern Erholung suchen und eine Solidarleistung eine Arbeitsentlohnung darstellt. Wer ein solches Verständnis von der Welt teilt, wird geneigt sein, die damaligen Vorschläge der CSU zur Schließung der Grenzen, Verschärfung des Asylrechts und Streichung von Geldleistungen für Asylbewerberinnen und Asylbewerber zu befürworten. Das war eine politische Strategie der CSU, die ethische Grundsätze stark strapazierte.

Soviel zur Funktionsweise von Framing. Zurück zu Europa und den Deutungsrahmen, die eine bedeutende Rolle für unser Verständnis von der EU und europäischer Politik spielen. Für den Diskurs sind allen voran die Frames, die von Medien und von der Politik benutzt werden, relevant. Blicken wir zunächst auf die sprachliche Konstruktion Europas durch europäische Politikerinnen und Politiker. Zwei Framings haben sich im politischen Diskurs in Europa etabliert, die es sich lohnt, näher anzuschauen. Der erste Frame beschreibt, was die europäische Integration überhaupt ist. Bei der Vorstellung seines Kabinetts, Anfang Juni 2018, sagte der frisch ins Amt gehobene Ministerpräsident Spaniens, Pedro Sanchéz von der Sozialistischen Partei: »Wir müssen die Vielfalt des Landes anerkennen, um wieder eine führende Rolle im europäischen Projekt und den Herausforderungen der heutigen Welt zu erlangen«.[8] Emmanuel Macron meinte in seiner ersten wichtigen Europa-Rede an der Sorbonne am 26. September 2017, dass der Aufstieg EU-feindlicher Akteure »ein Anreiz für die anderen Parteien sein [muss], das europäische Projekt zu verteidigen.«[9] Neben dem Begriff vom »europäischen Projekt« gibt es noch eine andere, sehr ähnlich anmutende Beschreibung des Wesens der EU. Der österreichische Sozialdemokrat Christian Kern schrieb in einem Essay in der FAZ, dass es die jungen Leuten seien, »die die europäische Idee hochhalten«.[10] Kurz nach dem Brexit-Votum in Großbritannien sagte der griechische Wirtschaftsminister Giorgos Stathakis: »Damit die europäische Idee stark bleibt, muss die EU jetzt schlüssige Schritte unternehmen, die das europäische Projekt wieder populärer machen.«[11]

Fassen wir zusammen: *Projekt* und *Idee*, das sind zwei besonders oft verwendete Substantive, um begreifbar zu machen, was Europa ist. Beide Begriffe sind ungünstig gewählt, wenn nicht gar unzutreffend. Denn beiden wohnt etwas Flüchtiges und eine zeitliche Befristung inne. Eine Idee kann man schnell wieder verwerfen, ein Projekt erstreckt sich über einen gewissen Zeitraum, hat aber eben auch einen Abschluss, einen Endpunkt. Als die europäischen Gründungspersönlichkeiten vor 60 Jahren von einer »Idee« sprachen, war es tatsächlich nicht mehr als das. Und natürlich ist Europa auch heute nichts Fertiges. Aber aus der Idee ist ein manifestes politisches System mit Gewaltenteilung, Staatsbürgerschaft, Wahlen und so weiter geworden. Folgt man den europäischen Verträgen, ist die EU gar ein Bund für die Ewigkeit.

Es ist erstaunlich, dass auch proeuropäische Politiker dennoch diese defensiven Beschreibungen von Europa wählen, statt Begriffe zu verwenden, die mit Dauerhaftigkeit, Stabilität und Stärke assoziiert werden. Sie könnten die EU auch als das bezeichnen, was sie ist: die europäische Demokratie. Freilich, sie ist unvollkommen, hat eindeutige Defizite, etwa bei den Beteiligungsmöglichkeiten für Bürgerinnen und Bürger. Aber Demokratie ist eben ein Prozess, permanenter »work in progress«. Das sieht man in diesen Jahren doch in vielen westlichen Demokratien, wo etwa durch rechtspopulistische Angriffe auf demokratische Institutionen, vermeintliche gesellschaftliche Grundkonsense neu zur Disposition gestellt werden. Trotzdem würden wir auch nicht vom »Projekt Deutschland« sprechen, sondern von der Demokratie in Deutschland oder der Gesellschaft oder Gemeinschaft. Europa wird solch eine grundsätzlichere, widerstandsfähige und stabilisierende Semantik nicht zuteil. Europa wird sprachlich bagatellisiert. Ich behaupte: Es wird uns allzu einfach fallen, Europa den Rücken zuzukehren, wenn wir die europäische Integration weiterhin kleiner reden als sie ist. Die nationalistischen Kräfte sind dann ganz ohne eigenes Zutun in der Debatte im Vorteil. Sie machen Europa zu ihrem »Projekt«.

FREMD IM EIGENEN HAUS

Die Deutung der europäischen Integration in der Öffentlichkeit als »Projekt« oder »Idee« ist der erste populäre Europa-Frame. Für den zweiten muss etwas länger ausgeholt werden, da er nicht allein durch einzelne markante Begriffe zum Ausdruck kommt. Vielmehr schlägt er sich in vielfältigen Formulierungen nieder, die ein bestimmtes Verständnis von dem Verhältnis zwischen Staat und EU transportieren. Zunächst auch hierzu ein konkretes Beispiel: Im Mai 2018 trat nach zwei Jahren Übergangsfrist endgültig die erste Europäische Datenschutz-Grundverordnung in Kraft. Viele Menschen wurden auf dieses Ereignis dadurch aufmerksam, dass sie von sämtlichen abonnierten Email-Newslettern um eine Zustimmung zu den neuen Datenschutzregeln gebeten wurden. Der CDU-Bundestagsabgeordnete Joachim Pfeiffer kommentierte die Einführung des einheitlichen europäischen Datenschutzes wie folgt: »Die EU hat mit der neuen Regelung ein riesiges Bürokratie-Monster erschaffen, das in der Praxis insbesondere den Mittelstand und das Ehrenamt in ein Zwangskorsett legt und unnötig belastet«. Weiter beabsichtige er, jeden nationalen Spielraum nutzen zu wollen, damit Firmen und Vereine der neusten Gängelung aus Brüssel halbwegs glimpflich entkommen könnten. Typischerweise werden solche Aussagen als »blame game« verstanden, also die Verschiebung der Verantwortung für eine unpopuläre Entscheidung auf eine andere politische Ebene. Doch blame games sind kein exklusives Phänomen zwischen nationaler und europäischer Ebene, sondern finden ständig und überall in »Mehr-Ebenen-Systemen« der Politik statt: Zwischen Bund und Ländern, zwischen Land und

Kommunen, zwischen Ämtern und Behörden ein und derselben Kommune. Wenn bei den Bürgerinnen und Bürgern eine politische Entscheidung sauer aufstößt oder einer Institution ein Fehler unterlaufen ist, wird damit selten offensiv und selbstbewusst umgegangen. Statt Verantwortung zu übernehmen, unbeliebte Entscheidungen zu verteidigen, redet man sich getrieben von der Angst des Machtverlusts lieber irgendwie raus. Und weil der Ort von politischer Verantwortung für viele Menschen nicht immer ohne weiteres zu lokalisieren ist, geht diese Strategie oftmals auf.

Entscheidend und spezifisch für das Reden über die EU ist an Pfeiffers Statement somit etwas anderes: Mit seiner Aussage, *die EU habe etwas geschaffen*, nimmt er sprachlich eine Ausgliederung der Europäischen Union als Akteur vor. Die EU ist dann etwas Außenstehendes und Distanziertes, eine fremde Entität, die abgetrennt vom eigenen Land agiert. Nur mit dieser Vorstellung kann er seinen scharfen Vorwurf machen. Zwar hat das, was er »Bürokratie-Monster« nennt, seine eigene Bundesregierung mitverhandelt und -beschlossen. Und seine Parteikollegen aus dem EU-Parlament haben es abgenickt. Aber aufgrund der komplexen Entscheidungsprozesse und der mangelnden Aufmerksamkeit für das Abstimmungsverhalten einzelner Fraktionen im EU-Parlament kommt Pfeiffer mit seiner sprachlichen Entkopplung der CDU vom Europaparlament, der Bundesregierung vom Europäischen Rat und Deutschlands von der EU durch. In exakt diesem Sinne stellte der Brüsseler Korrespondent der spanischen Tageszeitung El Mundo einst in Bezug auf die Minister der eigentlich europafreundlichen Regierung Spaniens fest:

»Spanische Minister reden ständig über Europa, als wäre es irgendwas ›da draußen‹, als wäre Spanien nicht Teil von Europa! Unsere Regierung scheint nicht zu realisieren, dass die EU ein Teil von ihnen ist, nicht etwas Getrenntes. Teil unserer Souveränität wurde in Brüssel gebündelt, es wäre an der Zeit, diese endlich auszuüben. Europäische Angelegenheiten sind in Wirklichkeit spanische Angelegenheiten.«[12]

yeah

Das Phänomen der diskursiven Entkopplung Europas von der Nation hat der Politologe Francisco Seoane Pérez als »Domestifizierungsdefizit« der Europäischen Union bezeichnet. Die EU wird nicht als Teil des »Eigenen« verstanden, sondern als etwas »Fremdes«. Europa ist nicht domestifiziert, nicht stubenrein, deshalb ist es draußen und nicht mit uns drinnen. Nicht Teil unserer Gemeinschaft, nicht Teil des »Wir«. Am wenigsten domestiziert ist die EU stets in Großbritannien gewesen. Der Brexit dürfte sich für viele Briten daher auch nicht wie die oft beschworene »Scheidung« anfühlen, da die emotionale Verbindung, die einer Scheidung normalerweise vorausgeht, für viele Menschen auf der Insel zwischen ihrem Land und der EU nie existiert hat. Dazu haben britische Politikerinnen und Politiker mit ihrer Sprache über Europa jahrzehntelang beigetragen. Der Tory-Politiker John Flack, Mitglied des Europäischen Parlaments bis 2019, führte bereits Jahre vor dem Brexit-Referendum einen EU-Wahlkampf mit dem Slogan »I'm on YOUR side not Brussel's« – *Ich bin auf deiner, nicht Brüssels Seite.* In diesem Slogan kommt eine Haltung zum Ausdruck, in der die EU nicht nur nicht domestifiziert ist, sondern die Differenz zusätzlich negativ konnotiert wird. Europa ist dann nicht nur *Fremder,* sondern schlichtweg *Feind.* In einer solchen Rhetorik werden Nationalstaat und EU nicht nur voneinander separiert, sondern bekämpfen einander. Dieser Antagonismus war selbst im öffentlichen Diskurs Großbritanniens unnötig: Ein Jahr vor dem Brexit-Referendum gaben 56 Prozent der Briten zu Protokoll, dass sie sich als Bürger der EU fühlten. Nur 32 Prozent verneinten das.[13] Wer sich als Teil von etwas fühlt, wird dieses etwas wohl kaum zum Feind erklären. Nun sollte man die notorisch negative EU-Rhetorik in Großbritannien nicht zum Maßstab für ganz Europa machen. Dennoch findet sich die Betonung der Differenz zwischen dem nationalen »Selbst« und dem europäischen »Anderen« auch in der Sprache Proeuropäischer Akteure wieder. So geschehen im Europawahlkampf 2014 der SPD: 2014 nominierten die europäischen Parteien zum ersten Mal europaweite Spitzenkandidaten, die gleichzeitig Kandidaten für das Amt des

EU-Kommissionspräsidenten waren. Diese Neuerung europäisierte die Europawahlen, die eben nur die Summe nationaler Wahlen zu einem Europäischen Parlament sind. Für die europäischen Sozialdemokraten war Martin Schulz als europaweiter Spitzenkandidat ins Rennen gegangen. Er führte tatsächlich einen EU-weiten Wahlkampf, machte Haustürbesuche bei Wählerinnen und Wählern von Schweden bis Spanien und tourte insgesamt durch 25 Länder. Doch in Deutschland warb der europäische Kandidat mit einem reichlich uneuropäischen Plakat: »Nur wenn Sie Martin Schulz und die SPD wählen, kann ein Deutscher Präsident der EU-Kommission werden«. Dieser Satz steht im krassen Widerspruch zur Idee der europäischen Spitzenkandidaten, genauso zum Mandat des Präsidenten der Europäischen Kommission. Dieser steht nicht für ein Land, sondern für Europa als Ganzes. Die EU-Kommission wird nicht von einem deutschen, portugiesischen oder luxemburgischen Präsidenten geführt, sondern von einem europäischen. Die Geisteshaltung, die der Slogan auf dem SPD-Plakat anspricht, ist typisch für die Konstruktion der Differenz zwischen Nation und Europa, dem Fremdheitsdenken gegenüber Europa: Wenn ein Deutscher Präsident der Kommission ist, können deutsche Interessen in Europa besser vertreten, europäische Politik mehr zum Vorteil Deutschlands ausgesteuert werden. Mit anderen Worten: Europa ist gut, wenn es ein »deutsches Europa« ist. Das »Fremdheits-Framing« führt zu einem einseitigen Denken in nationalen Interessen, weil es von einem gleichzeitigen Nicht-Denken eines europäischen Gemeinwohls gestützt wird. Natürlich soll kein Land gegen nationales Interesse handeln, beides muss miteinander vereinbar sein. Ein europäisches Interesse wird jedoch mental unterdrückt, wenn Europa über die Differenz, ja sogar die Konkurrenz, statt das Gemeinsame seiner Mitglieder definiert wird. Die Weigerung, europäische und nationale Interesse gleichsam zu denken und zu artikulieren, wird bei fast jedem Gipfeltreffen der Staats- und Regierungschefs vorgeführt. In den Statements vor und nach den Treffen ist stets von »nationalem Interesse« die Rede. Es ist der Bewertungsmaßstab für die Ergebnisse eines Gipfels. Ein Beispiel: Als im Sommer 2018 die CSU innerhalb der Bundesregierung einen heftigen Streit über die Flüchtlingspolitik vom Zaun gebrochen hatte, die Fraktionsgemeinschaft mit der CDU deswegen in Frage gestellt wurde, reiste Kanzlerin Merkel zu einem schwierigen EU-Gipfel nach Brüssel. Die CSU erwartete von ihr eindeutige Ergebnisse, Parteichef Horst Seehofer hatte gar ein Ultimatum gestellt. Der CSU-Politiker und Fraktionschef der Christdemokraten im Europaparlament, Manfred Weber, der als EU-Abgeordneter dem europäischen (nicht exklusiv dem deutschen) Gemeinwohl verpflichtet ist, sagte kurz vor dem Gipfel einen bemerkenswerten Satz: »Jetzt müssen wir die Kanzlerin unterstützen, damit sie in der EU deutsche Interessen durchsetzen kann.« Das ließ tief blicken: Nach Wochen des erbitterten Streits sollten aus Kontrahenten im Inneren jetzt kurzfristig Kumpanen nach außen werden. Schließlich ging es nun gegen die »Anderen« in der EU. Da müssen sich alle hinter dem »deutschen Interesse« vereinen. Nach einem solchen Gipfel werden die nationalen Interessen logischerweise als Maßstab für die Bewertung der Ergebnisse herangezogen. Als CDU-Generalsekretär lobte Hermann Gröhe die Bundeskanzlerin nach einem Ratstreffen im Juni 2012: Merkel sei insgesamt »standfest« geblieben und »für deutsche Interessen eingetreten« zitierte ihn damals der Tagesspiegel.[14] Inmitten der Eurokrise stellte ein Positionspapier aus dem Bundesfinanzministerium klar, dass Deutschland ein »nationales Interesse am Fortbestand des Euros mit allen Mitgliedern« habe, sich der Euro allerdings »an deutschen Stabilitätsinteressen orientieren« müsse.[15] Die Kritik an dem Begriff vom nationalen Interesse soll nicht darauf abheben, dass ein Mitgliedsland der EU keine eigenen Interessen haben soll. Das wäre falsch. Eine demokratische Gemeinschaft, als welche Europa sich versteht, zeichnet sich jedoch durch die Ausbalancierung von Eigeninteresse und Solidarität aus. Dabei steht nicht immer die kurzfristige Maximierung der eigenen Interessen im Vordergrund, also das, was der übliche Bewertungsmaßstab von EU-Gipfeln ist, sondern es werden auch kurzfristig Nachteile in Kauf genommen, um mittel- und langfristig gemeinsam geteilte Ziele zu erreichen.

Über das Papier aus dem Finanzministerium oder das Plakat von Schulz erregten sich nur ein paar proeuropäische Gemüter in Deutschland, in den übrigen Ländern bleiben diese Positionen vom »deutschen Europa« widerspruchslos. Die Begründung dafür ist gleichzeitig auch der Grund, warum das »Fremdheits-Framing« überhaupt als Denkmuster funktioniert: Der öffentliche Austausch ist in Europa national, nicht europäisch organisiert. Die Trennung im Denken ist eine Trennung von Kommunikation. In den Reden von Politikerinnen und Politikern haben sich die Framings von Europa als etwas *Flüchtiges* und etwas *Fremdes* etabliert. Selbst proeuropäischen Kräften mangelt es an einem positiven, offensiven und einenden Framing für Europa. Von der europäischen Gemeinschaft wird selten gesprochen, ein europäisches »Wir« und ein europäisches Gemeinwohl nicht gedacht. Weil eine europäische Gemeinschaft im Grunde gar nicht angesprochen werden kann. Stattdessen ist europäische Politik als Kampf um nationale Interessen angelegt. Mit Waffen wird zwar heute in Europa glücklicherweise kein Krieg mehr geführt, mit Worten jedoch schon. Und diese werden natürlich nicht nur von der Politik, sondern auch von den Medien verwendet. Sogar mit verschärfter Semantik. Den Frames der Medien über europäische Politik wenden wir uns nun zu.

EUROPA IM TEUFELSKREIS

Die Kommunikationswissenschaft geht davon aus, dass die Frames der Medien insbesondere dann Menschen beeinflussen, wenn sie über ein Thema berichten, dass im eigenen Alltag wenig wahrnehmbar ist. Wenn wir einem Thema nicht in unserer Lebenswelt begegnen und eigene Erfahrungen als Informationsquelle nicht zur Verfügung stehen, sind wir im besonderen Maße auf die Berichterstattung der Medien angewiesen. In den Worten von Niklas Luhmann: *Was wir über die Welt wissen, wissen wir über die Medien.* Weil Europa für die meisten Menschen solch ein abstraktes Thema ist, kommt den Medienberichten über europäische Politik eine besondere Bedeutung zu. Hochzeiten der Berichterstattung über die EU sind deren Krisen. Unser Bewusstsein über Europa ist deshalb in den letzten Jahren auch zu einem Krisenbewusstsein geworden: Eurokrise, die »Migrationskrise« – die präziser formuliert eine Solidaritätskrise nach innen und nach außen ist – und die Brexit-Krise. Diese Krisen überlagern sich zeitlich, hatten oder haben aber jeweils für sich alleine genommen das Potenzial, den entscheidenden Anstoß zum Zerfall der EU zu geben. Die Art und Weise, wie über die Krisen berichtet wird, so möchte ich im Folgenden argumentieren, hat eine Lösung der Krisen nicht erleichtert, sondern erschwert: Wenn Europa politisch in der Krise steckt, ist es gleichzeitig in einem medialen Teufelskreis gefangen. Aus politischen Konflikten wird ein mediales Krisennarrativ. Das hat nicht nur etwas mit Framing zu tun, sondern auch mit dem Wesen der Konflikte, den Relevanzkriterien des Journalismus und den Auswirkungen der Medien-Frames auf die Einstellungen von Bürgerinnen und Bürgern. Zweifelsohne sind die Krisen der EU zuallererst politisch »gemacht«. Die Gefahr, die von ihnen für den Fortbestand der Europäischen Union ausgeht, indem sie Nationalismus fördern und die Unterstützung der EU-Institutionen verschlechtern, wird allerdings durch die Medienberichte mindestens verstärkt, wenn nicht sogar mit erzeugt. Um die Medieneffekte der Krisen-Berichterstattung zu verstehen, hilft es, sich drei Bereiche genauer anzuschauen: Erstens das Wesen der politischen Krise; zweitens die Art der Berichterstattung über diese Krise und drittens die Auswirkungen auf die Einstellungen von Bürgerinnen und Bürgern. Es entsteht der Eindruck, dass es für europäische Krisenmomente einen fatalen polit-medialen Teufelskreis aus *Konflikt, News* und *Nationalismus* gibt. Aber nun der Reihe nach.

Krisen als Konflikte

Europäische Krisen beziehen sich auf politische Dynamiken im Inneren der Union, also Aushandlungsprozesse unter den Mitgliedsstaaten. Von außen wurde bisher keine Krise in die Gemeinschaft hineingetragen. Im Gegenteil: Etwa die Zollpolitik von US-Präsident Donald Trump oder seine Aufkündigung des Weltklimaabkommens hat die EU-Länder zusammenrücken lassen, um eine gemeinsame Reaktion auf diese Neuausrichtung der USA zu formulieren. Die Krisen der EU sind also keine Konflikte nach außen, sondern Konflikte im Inneren. In der Eurokrise verlief der Konflikt (vereinfacht gesagt) zwischen den Gläubigern, also den kreditgebenden Ländern, und den Schuldnern, also den Kreditnehmern. Die Tatsache, dass sich Länder wie Griechenland oder Portugal bei der Gemeinschaft und ihren Institutionen Geld leihen, taugt allein noch nicht zu einem Konflikt, geschweige denn zu einer Krise. Kredite sind innerhalb einer Währungsunion etwas völlig Normales. Der Konflikt entbrannte einerseits über die Konditionen der Kreditvergabe, insbesondere den politischen Maßnahmen, die den Schuldnern von den Gläubigern auferlegt wurden (zum Beispiel Kürzungen bei Sozialleistungen, Privatisierung von Infrastruktur oder Reformen in der Verwaltung). Griechenland fühlte sich in »Geiselhaft« genommen, woraus ein Hass auf die Gläubiger sowie die ausführenden und überwachenden europäischen Institutionen (einst »Troika« genannt) entstand. Dieser Unmut kam auf Demonstrationsplakaten, auf denen Angela Merkel als Hitler dargestellt wurde, auf unpassende Weise zum Ausdruck. Auf der anderen Seite entstand der Konflikt durch Misstrauen: Die Gläubigerländer ärgerten sich über die Misswirtschaft der Schuldner, sie unterstellten ihnen Unehrlichkeit und Unzuverlässigkeit, auch in Hinblick auf die spätere Tilgung der Schulden. Man vermute, man würde die Milliarden nie wieder sehen, sondern in ein »Fass ohne Boden« gießen. Aus diesem Misstrauen resultierten auch die harten Bedingungen, die an die Finanzprogramme geknüpft wurden. Radikal verkürzt könnte man somit sagen: Es war ein Konflikt über die Konditionen von Krediten. Der Konflikt bei der Migrationsthematik loderte schon lange vor dem Spätsommer 2015, doch erst mit den Bildern des Flüchtlingstrecks auf der Balkanroute kam er endgültig im öffentlichen Bewusstsein in ganz Europa an. Die Herausforderung konnte nicht mehr auf die Länder an den Außengrenzen abgeschoben werden, Geflüchtete wanderten ins Zentrum der Union hinein. Die Konfliktlinie ist bei diesem Thema in etwa so gelagert: Zwar haben alle EU-Länder die Genfer Flüchtlingskonvention unterzeichnet, in der das Recht auf Asyl verankert ist. Jedoch herrscht Uneinigkeit darüber, wie die Staaten die daraus entstehende Verantwortung für asylberechtigte Menschen untereinander aufteilen. Trotz geltender Dublin-Verordnung gibt es diverse politisch umstrittene Aspekte in der Flüchtlingspolitik, im Besonderen aber eine Frage: Wer nimmt wie viele der Menschen auf, die an den EU-Außengrenzen ankommen und Anspruch auf Schutz haben? Laut Dublin-Regeln müssen Asylsuchende in dem EU-Land einen Asylantrag stellen, das sie als erstes betreten haben. Das führt unausweichlich zu einer unfairen Überbelastung der Länder mit europäischer Außengrenze. Der Versuch von 2015, 160.000 in Griechenland und Italien anerkannte Flüchtlinge in der EU binnen zwei Jahren umzuverteilen, scheiterte krachend. Bis zum Ende der Frist im Herbst 2017 wurden gerade einmal 27.645 Menschen umverteilt, etwa 15 Prozent von der Gesamtzahl. Allein Malta hatte sein Soll mit 131 Geflüchteten erfüllt, Tschechien hatte nur 12 von 2.691 aufgenommen, Frankreich 4.278 von 19.714 und auch Deutschland war seinen Pflichten nicht vollständig nachgekommen (19.684 von 27.536). Ungarn und Slowakei sträubten sich sogar gegen jegliche Umverteilung und klagten dagegen vor dem Europäischen Gerichtshof. Die Klage wurde abgewiesen, die Weigerung Ungarns blieb. Die Regierung von Viktor Orbán verlautbarte trotz ratifizierter Genfer Flüchtlingskonvention immer wieder, dass sie nicht einen einzigen Flüchtling aufnehmen wollen und begründete dies mit der angeblichen kulturellen Inkompatibilität der Schutzsuchenden. Aus der von den Regierungen mit Mehrheit beschlossenen Umverteilung machte Orbán eine von Brüssel aufgezwungene »Ansiedlung von nichtungarischen Staatsbürgern«. In Europas Migrationsdebatte stehen also auf der einen Seiten jene Regierungen, die das Recht auf Asyl prinzipiell verteidigen wollen, als Hilfsmittel dafür aber eine solidarische Verteilung der Flüchtlinge innerhalb der Union brauchen. Auf der anderen Seiten stehen Länder, die weder solidarisch mit Geflüchteten sein wollen noch mit ihren EU-Partnern, die Schutzbedürftige aufgenommen haben. Daher ist diese Krise auch weniger eine »Flüchtlingskrise« als vielmehr eine Solidaritätskrise. Es geht dabei sowohl um die Solidarität nach außen, also Humanität gegenüber Schutzsuchenden, als auch nach innen hinsichtlich der fairen Verteilung von Flüchtlingen zwischen den Mitgliedsstaaten. Die Kooperation, die sich die Solidaritätsgegner in diesem Konflikt in erster Linie wünschen, ist der gemeinsame Schutz der Außengrenzen. Der österreichische Innenminister Herbert Kickl von der FPÖ formulierte es Anfang Juni 2018 bei einem Treffen der EU-Innenminister so: »Ich bin der festen Überzeugung, dass es viel sinnvoller ist, den Begriff der Solidarität dahingehend zu beleben, dass wir da solidarisch sind, wo es um die Verhinderung von illegaler Migration geht, da ist Außengrenzschutz eine Komponente«.[16] Es ist im Kern ein Konflikt über das Verständnis von Europas Solidarität. Als sprachlichen Ausweg erfanden die EU-Länder den Euphemismus der »flexiblen Solidarität«: Demnach kann Solidarität den Schutz der Außengrenzen oder den Schutz von Menschen umfassen. Das ist reichlich zynisch. Auch die Brexit-Krise ist durch einen Konflikt gekennzeichnet – allerdings weniger zwischen den Mitgliedsstaaten der EU, die in seltener Einheit auf einen Verbleib Großbritanniens in der Union hofften, als vielmehr zwischen dem britischen »Leave«- und dem »Remain«-Lager. Doch der Konflikt zwischen »bleiben« und »gehen« strahlte in die anderen Länder aus: Rechtspopulistische Kräfte, etwa Politiker der AfD, FPÖ, des Front National oder Geert Wilders, nutzten die Gunst der Stunde und forderten Anfang 2016 ebenfalls ein Referendum für ihr Land. Marine Le Pen nannte ein französisches EU-Referendum damals eine »demokratische Notwendigkeit«. Geert Wilders befand, die niederländische Bevölkerung »verdient und will ein Referendum«. Medien setzten das Thema auf die Agenda, sprachen von einem möglichen »Dominoeffekt«, der den Frexit, Nexit oder Dexit auslösen könne. Umfrageinstitute befragten Bürgerinnen und Bürgern, ob sie auch in ihrem Land ein Referendum wünschten – Letzteres bejahten immerhin 45 Prozent von 6.000 befragten Europäerinnen und Europäern im Juni 2016.[17] Der Verbleib in der EU war also nicht mehr nur eine Frage, die sich real für die Briten stellte, sondern zumindest auch in einem realistischen Gedankenspiel in anderen Ländern. In diesem existenziellen Moment der EU werden alle tagespolitischen Fragen über EU-Gesetze und Problemlösungen ganz natürlich in den Hintergrund gedrängt. Die Frage nach der Sinnhaftigkeit der Gemeinschaft sticht dann die Beschreibung ihrer Handlungsfähigkeit aus.

Konflikte als News

Alle drei beschriebenen Themen haben eines gemein: Die Medien in Europa berichten über sie in einer Intensität, die anderen europapolitischen Themen, etwa die Gesetzesvorschläge der EU-Kommission, niemals zu Teil wird. Selbstverständlich sind politische Krisen per Natur ein höchstrelevantes Thema für die Medien, weil in dieser Zeit ein ganzes politisches oder ökonomisches System kippen kann – mit weitreichenden Folgen für die Bürgerinnen und Bürger. Aber Europaberichterstattung ist auch deswegen Krisenberichterstattung, weil die Krisen den Medien eben den Konflikt liefern, an dem es in der herkömmlichen EU-Politik sehr oft mangelt. Der Europäische Rat muss die meisten Entscheidungen mit Einstimmigkeit fassen. Das untergräbt einen Wettbewerb um Mehrheiten und führt im Ergebnis oft zu weichgespülten Beschlüssen. Auch das Europäische Parlament ist eine »Konsensmaschine«, nicht zuletzt, weil das Parlament keine Gesetze alleine beschließt, sondern sich im »Trilog«-Verfahren mit Europäischem Rat und Kommission einigen muss. Das Parlament kann in diesen Verhandlungen nur dann wirksam auftreten, wenn es sich zuvor auf eine klare Verhandlungsposition mit möglichst breiter Mehrheit geeinigt hat. Das verlangt Kooperation.

In der Krise paart sich der Konflikt allerdings noch mit einem anderen wichtigen Rohstoff für eine interessante Berichterstattung: Negativität. Krisen beinhalten das Moment der Unsicherheit, der Bedrohung, es lassen sich Schreckensszenarien auf die Zukunft projizieren. Das mögen Medien, weil Menschen dann zuhören: Die Neurowissenschaft zeigt, dass das menschliche Gehirn deutlich mehr Aktivität aufweist, wenn es schrecklichen statt schönen Bildern ausgesetzt ist.[18] Der mediale Drang zum Schlechten folgt einem menschlichen Hang. Die Folge: Obwohl wir hinsichtlich Armut, Bildung oder Gesundheit statistisch in der besten Welt aller Zeit leben, bekommt man in den Medien leicht den Eindruck, alles werde immer schlimmer. Hans Rosling berichtet in seinem Buch »Factfulness: Wie wir lernen, die Welt so zu sehen, wie sie wirklich ist«, dass über die Hälfte der Deutschen glaubt, die absolute Armut in der Welt nehme weiter zu. Nur elf Prozent weiß, dass die Fakten einen stetigen Rückgang belegen. Warum? Weil kaum darüber berichtet wird. Es gibt eine Medien-Realität neben der Realität-Realität. In der gilt, *good news are no news*. Was die Determinanten dieser Medienlogik sind, versucht die Journalismus-Forschung zu erklären: Die Auswahl von Nachrichten, also die Entscheidung, ob über ein Ereignis berichtet wird oder nicht, wird von Journalisten auf Basis von Nachrichtenfaktoren vorgenommen. Die intellektuellen Eltern dieser »Nachrichtenwerttheorie« sind Johan Galtung und Marie Holmboe Ruge, zwei Friedensforscher, die in den 1960er-Jahren den Eindruck hatten, dass durch die Nachrichtenauswahl der Medien ein verzerrtes Weltbild entstehe, das Ungerechtigkeiten und soziale Konflikte in der Welt verstärken würde. Galtung und Ruge begannen, die Berichterstattung systematisch zu analysieren und definierten am Ende zwölf Faktoren: Je mehr von ihnen auf ein Thema zutreffen, desto wahrscheinlicher ist es, dass über dieses berichtet wird. Diese Nachrichtenwerte wurden im Laufe der Jahre von der Forschung ergänzt und modifiziert, zu den wichtigsten zählen heute: Überraschung, Konflikt, Personalisierung, örtliche und kulturelle Nähe und die Negativität eines Themas. Eine politische Berichterstattung, die solche Parameter als »wertvoll« erachtet, führt ganz automatisch zu einer Überbelichtung von Dramen, Skandalen, Intrigen und personenbezogenen Konflikten. Unterbelichtet werden die Komplexität politischer Substanz, Problemlösungen, von Konsens geprägte Themen sowie abstrakte oder örtlich entfernte Angelegenheiten. Die Medienwissenschaft zeigt zudem, dass eine zu negative Berichterstattung über Politik die Menschen zynischer macht. Negativität bringt Quote, setzt aber für die Demokratie eine verhängnisvolle »Spirale des Zynismus« in Gang. Das Abwenden von Politik kann die Folge sein.

Wendet man die Theorie der Nachrichtenfaktoren auf Europa an, so lässt sich argumentieren: Da europa- und auch andere außenpolitische Ereignisse außerhalb des gewohnten nationalen Umfelds nicht den Faktor der örtlichen Nähe erfüllen, wird diesen Themen vor allem dann eine mediale Aufmerksamkeit zuteil, wenn sie Konflikt und Drama anzubieten haben, Ängste hervorrufen oder die Integrität von Institutionen beschädigen. Wenn eine Disruption der Normalität vorliegt, während die Normalität selbst kaum Aufmerksamkeit bekommt. Die langjährige EU-Chefkorrespondentin von Sky News Italien, Giovanna Pancheri, brachte die Quotenformel für ihre Berichte aus Brüssel auf den Punkt: »If it bleeds, it leads« – Blut ist für die Quote gut.[19] Und Europa blutet, wenn es in der Krise steckt. Das heißt: Medien brauchen die Krise, deshalb haben sie ein Interesse an der Fortsetzung und Zuspitzung von Konflikten. So entsteht in der Öffentlichkeit ein Narrativ von »Europa in der Krise«, das zwar seinen Ursprung in einem politischen Konflikt hat, deren interpretative Übertragung in eine veritable Krise aber durchaus von den Medien mit angeheizt wird.

Eine solche Berichterstattung über europäische Politik hat Folgen. Damit haben sich Charlotte Galpin und Hans-Jörg Trenz, Forscher am Institut für Medien, Kognition und Kommunikation der

Universität Kopenhagen, in mehreren Studien über die Medienberichte über europäische Politik beschäftigt. Sie stellen fest:

»Negativität in den Medien kann deshalb ernsthafte Auswirkungen darauf haben, inwiefern EU-Politiker als ehrlich und glaubwürdig dargestellt werden, ob EU-Politik als von Krisen oder Konsens geprägt gesehen wird, oder ob die EU überhaupt als legitime politische Autorität beschrieben wird.«

Aus den Befunden von Galpin und Trenz sowie den Aussagen der Nachrichtenwerttheorie ergibt sich jedoch nicht nur eine Benachteiligung von »positiver« und lösungsorientierter EU-Politik. Man kann zusätzlich eine Bevorteilung bestimmter politischer Kräfte ableiten, deren Statements sich besonders für die dramatisierende Berichterstattung eignen: Populisten. Es ist kein Zufall, dass FPÖ, Lega oder AfD die Großprofiteure der Aufmerksamkeitsökonomie sind. Sie haben ihre Kommunikation danach ausgerichtet, dass sie besonders attraktiv für Medien sind. Populisten spitzen negativ zu, skandalisieren, gehen stets Konflikte ein und brechen gesellschaftliche Konsense auf. Eine ihrer wichtigsten Zielscheiben sind die »Eliten« in Brüssel, die dem »Volk« mit ihrem Regulierungswahn die Selbstbestimmung rauben würden. Das populistische Paradox ist dabei: Illiberale Kräfte, die Feinde der Freiheit versprechen den Bürgerinnen und Bürgern, ihre Freiheit aus Brüssel zurückzuholen. In der Kampagne der Brexiteers hieß das »Take back control«.

Der Populismus verschärft die missliche Lage von Europa in den öffentlichen Debatten. Denn legt man die Nachrichtenwerte von Medien neben die Merkmale populistischer Kommunikation, dann ergibt sich eine gehörige Schnittmenge. Mit anderen Worten: Es gibt eine Anziehung zwischen Medien und Populisten, weil sich beide Akteure gegenseitig etwas anzubieten haben, was sie zum Leben brauchen. Die Medien brauchen Inhalte, die das Interesse des Publikums wecken und somit Quote, Auflage oder Klicks bringen. Die Populisten brauchen den Zugang zur Öffentlichkeit, um auf sich aufmerksam machen und politische Debatte beeinflussen zu können. Der unfreiwillige Deal zwischen Populismus und Medien lautet dann »Provokation gegen Publizität«. Für den Europadiskurs hat der Aufstieg von Populisten eine Zunahme EU-feindlicher Narrative zur Folge. Dazu gehören jene von der »europäischen Massenmigrationsagentur« (Viktor Orbán), dem »Bürokratiemonster« (Jörg Meuthen) oder der »Brüsseler Verfassungsdiktatur« (Hans-Christian Strache). Der Einfluss des Populismus führt aber auch zu einer Stabilisierung des Narrativs von der »EU in der Krise«. Denn Populismus lebt vom Krisenmoment, von der Dauerbedrohung, der Vorstellung, das Volk sei in Gefahr. Populismus ist ein Symptom von echten und gefühlten Krisen. Das akute Bedrohungsszenario der europäischen Populisten besteht im Wesentlichen aus der ungebremsten Massenmigration und dem finanzpolitischen Diktat aus Brüssel, das die Völker Europas in die Unterdrückung treibt. Als die EU-Kommission im Herbst 2018 den italienischen Haushalt wegen Verstößen gegen den EU-Stabilitätspakt ablehnte, meinte Matteo Salvini: »Brüssel attackiert nicht eine Regierung, sondern ein Volk.« Aus dem Zusammenspiel von Krise, Medien und Populismus ergibt sich folgende Konstellation: Aufgrund der Distanz bekommt die alltägliche EU-Politik wenig Aufmerksamkeit, stattdessen berichten Medien vor allem über Ereignisse wie Krisen, Dramen und Skandale, deren negative und europakritische Interpretation durch das diskursive Übergewicht populistischer Kräfte verstärkt wird. Zugespitzt formuliert: Europa findet als Krise statt, deren öffentliche Sinngebung unter dem starken Einfluss europaskeptischer Populisten stattfindet, deren politische Existenz von der Existenz der Krisen abhängt.

Wie Medien über Konflikte zwischen EU-Partnern berichten, prägt das Krisenbewusstsein der Europäerinnen und Europäer. Grundsätzlich könnte dieses Krisenbewusstsein unterschiedliche Ausformungen annehmen, etwa hinsichtlich der Frage, was jetzt zu tun sei. Vorstellbar wäre, dass die Berichterstattung einen Geist vom »Zusammenrücken in schlechten Zeiten« fördert. Genauso denkbar ist aber, dass die Idee von »alleine sind wir besser dran« vermittelt wird. Um zu beurteilen, welches Krisenbewusstsein die Medien befördern, gilt es nun das Framing der Medien zu betrachten. In einem umfangreichen europäischen Forschungsprojekt haben Medienwissenschaftler untersucht, welche Metaphern das Framing der Eurokrise in den großen Tageszeitungen aus den zehn Ländern Belgien, Deutschland, Finnland, Frankreich, Griechenland, Großbritannien, Italien, Niederlanden, Polen und Spanien bestimmt haben.[20] Metaphern spielen insbesondere bei der Erklärung abstrakter Themen eine wichtige Rolle, da sie uns helfen, das Neue mittels des Altbekannten zu verstehen. Für das Projekt hat sich das Team um den Medienwissenschaftler Willem Joris von der Universität Leuven jeweils vier führende Zeitungen aus den zehn Ländern vorgenommen und über 10.000 Artikel ausgewertet. Das Ergebnis: Zur Beschreibung der *Krise* wurde am häufigsten *Krieg* als Metapher verwendet. Zum Beispiel schrieb Het Financieele Dagblad aus den Niederlanden am 30. Juni 2012:

»Europa war seit dem zweiten Weltkrieg schon immer ein ökonomisches und politisches Schlachtfeld und das derzeitige Schlachtfeld ist blutiger als jemals zuvor.«

Begriffe, die zum Repertoire der Kriegsmetaphorik gehören und in den Artikeln zur Eurokrise regelmäßig vorkamen sind Kampf, Schlacht, Front, Angriff, Verteidigung oder Waffe. So schrieb die spanische Zeitung El Pais am 21. Oktober 2011:

»Die deutsche Regierung ist der Meinung, dass die letzte Verteidigungslinie des Euro in Frankreich, nicht in Berlin liegt. Weil der Feind vor den Toren steht, dreht sich die interne Debatte in Deutschland nun um die Suche nach einer stabilen und nachhaltigen Lösung der Krise.«

Die Dominanz des Krieg-Framings erstreckt sich durch alle untersuchten Zeitungstypen, also Wirtschaftszeitungen, Qualitätszeitungen und Boulevardblätter. Als weitere prominente Metaphern der Eurokrisen-Berichte wurden Naturdesaster (»falls der Euro diesen Sturm überlebt« – Expansión), Krankheit (»Angst vor Ansteckung« – Süddeutsche Zeitung), Reparatur (»das europäische Haus braucht dringende Ausbesserungen« – NRC Handelsblad) oder Wettbewerb (»im Pokerspiel mit den Märkten« – Le Monde) identifiziert. Die zuvor beschriebenen Nachrichtenwerte (Drama, Konflikt, Negativität) spiegeln sich in dieser Berichterstattung ganz deutlich wieder.

Das Framing vom Wettkampf – mal sportlich, mal militärisch – findet sich auch in der Berichterstattung zu so gut wie jedem wichtigen Gipfeltreffen wieder. Mitunter werden die Treffen der Staats- und Regierungschefs wie »Gladiatorenkämpfe« beschrieben. Dann heißt es vor einem Gipfel etwa »Merkels Freunde, Merkels Gegner« (tagesschau.de, 28. Juni 2018) und nach einem solchen Treffen »Besiegt in Brüssel« (Die WELT, 30. Juni 2012). In diesem Verständnis von Europolitik als Konkurrenz, als Gegen- statt als Miteinander, geht es darum, am Ende Gewinner und Verlierer zu benennen. Diese Bewertung von Sieg und Niederlage nehmen viele Journalisten, ganz wie in der Sportberichterstattung, aus streng nationaler Perspektive vor:

»Es tut weh, die eigene Nationalmannschaft verlieren zu sehen. Was aber noch mehr wehtut und das lange über die Fußball-EM hinaus, ist die Niederlage Merkels bei einem Gipfel voller versteckter Fouls.« (Die WELT, 30. Juni 2012)

Eine Kampfhaltung, die Idee von Europa als Wettbewerb »Nation gegen Nation«, tritt auch in Artikeln jenseits von EU-Gipfeln zu Tage. Wenn deutsche Medien zwischen 2011 und 2015 über den EU-Spitzenbeamten Uwe Corsepius aus Berlin schrieben, dann nannten sie ihn gerne »Merkels Euro-Fighter für deutsche Interessen« (FAZ vom 26. Juni 2014), da er in diesen Jahren als Generalsekretär des EU-Ministerrats eine der wichtigsten Positionen in der EU-Verwaltung bekleidete. Die Stellenbeschreibung dieser Funktion sieht aber keinesfalls vor, sich als trojanisches Pferd des Bundeskanzleramts zu verhalten, sondern gemeinsame europäische Interessen zu verfolgen. Das dominierende Framing der Medien über das Verhältnis von der Nation zu Europa ist also ganz ähnlich wie beim Framing der Politik von Antagonismus geprägt. In der Dauerkrise erfährt dieser Gegensatz eine Zuspitzung mittels der Kriegs-, Krankheits- und Katastrophenmetaphorik. Eine solche Sprache erzeugt eine Stimmung der Bedrohung. Wenn Gefahr in Verzug ist, ziehen sich Menschen natürlicherweise auf das Altvertraute zurück. Das ist in Europa die Nation.

News als Nationalismus

Europa findet in den Medien vor allem als *Konflikt zwischen Nationen,* selten als *Konflikt zwischen Parteien* statt, den es auf diversen Politikfeldern nichtsdestotrotz jede Woche in Brüssel oder Straßburg gibt. Sieht man sich die Medienberichte in verschiedenen Ländern über diese Krisen genauer an, dann zeigt sich, dass unterschiedliche nationale Standpunkte argumentativ immer wieder auf unterschiedliche nationale Werte, Mentalitäten oder Tugenden zurückgeführt werden. Politische Differenzen werden mit kulturellen Unterschieden begründet. Es kommt zu einer Kulturalisierung von politischen Sachfragen. Kulturalisierung kommt selten ohne Stereotypen und Diskriminierungen aus. Einen negativen Höhepunkt stellen in dieser Hinsicht die Medienberichte um die Kredite für die verschuldeten Regierungen der Eurozone dar. Die BILD-Zeitung verwechselte am 26. Februar 2015 einmal mehr Journalismus mit Campaigning als sie schrieb: »NEIN!« – dieses Wort füllte die Hälfte der Seite aus – »Keine weiteren Milliarden für die gierigen Griechen.« Sie forderte ihre Leserschaft auf, einen Selfie mit dieser Seite zu machen, an die Redaktion zu schicken und somit Teil der Kampagne zu werden. Schon ein paar Jahre zuvor hatte der FOCUS ein Titelblatt über Griechenland mit der Schlagzeile »Die Betrüger in der Eurofamilie« herausgebracht. Insgesamt dominierte während der Griechenland-Krise in den deutschen Medien ein pauschales Bild von der griechischen Bevölkerung, wonach sich deren DNA aus Faulheit, Korruption und Unzuverlässigkeit zusammensetzen würde. Das Ganze ging so weit, dass die BILD-Zeitung auch in Artikeln, die gar nichts mit Politik oder Wirtschaft zu tun hatten, von den »Pleitegriechen« sprach. Dabei waren negative Wertungen der griechischen Politik bei Weitem kein Alleinstellungsmerkmal der Boulevardpresse: Deutsche Qualitätsmedien »positionierten sich vielfach sehr stark negativ gegenüber der griechischen Regierung«, heißt es in einer Studie der Hans-Böckler-Stiftung.[21] Und es waren nicht die Meinungsartikel der Zeitungen, die in dieser Studie untersucht wurden. In griechischen, aber auch italienischen Medien »hitlerte« es dagegen kräftig: Angela Merkel wurde als europäische Diktatorin portraitiert, mit Hakenkreuz abbildet und die Errichtung eines »vierten Reichs« zu ihrer Mission erklärt. Der Tenor: Der böse Deutsche ist zurück, um Europa auf ein Neues zu zerstören. Nur diesmal schickten die Deutschen keine Soldaten mit Waffen, sondern Technokraten mit obsessiven Kürzungsprogrammen. Fairerweise muss man anmerken, dass nicht die Medien allein die EU-Länder gegeneinander aufwiegelten. Die Politik half tatkräftig mit. Der damalige britische Premierminister David Cameron sprach von »Ländern, die über ihre Verhältnisse gelebt haben«. Sigmar Gabriel versicherte 2015 der BILD-Zeitung, dass die Bundesregierung »nicht die überzogenen Wahlversprechen einer zum Teil kommunistischen Regierung durch die deutschen Arbeitnehmer und ihre Familien bezahlen lasse«. Und auch Angela Merkel befeuerte damals die Vorurteile über südeuropäische Mitgliedsländer: »Es geht auch darum, dass man in Ländern wie Griechenland, Spanien, Portugal nicht früher in Rente gehen kann als in Deutschland, sondern dass alle sich auch ein wenig gleich anstrengen.«[22] Mit anderen Worten: *Wären doch nur alle anderen ein bisschen mehr wie wir.*

Auch wenn es damals schon Kritik an diesem von Stereotypen durchtränkten und spalterischen Diskurs gab, wiederholten sich die rhetorischen Beißreflexe, als Italien im Frühsommer 2018 eine neue Regierung gewählt hatte. Erst wenige Tage im Amt, hatte die populistische Regierungskoalition aus Cinque Stelle und Lega verkündet, dass sie 250 Milliarden Euro Schulden bei der Europäischen Zentralbank streichen lassen wolle. »Die Schnorrer von Rom« hieß es postwendend bei SPIEGEL Online, natürlich nicht ohne auf das gemeine Wesen des Italieners in Form von »la dolce vita« hinzuweisen.[23] In dieser unseriösen Einstellung zum Leben müsse eine solch unverantwortliche Politik schließlich begründet sein.

Regelmäßig wird also die politische Berichterstattung über andere EU-Partner mit herabwürdigenden und kulturalisierenden Stereotypen garniert: Die Italiener schnorren, die Griechen sind faul, die Franzosen selbstverliebt. Wichtig ist hierbei, dass ein solcher Diskurs eine Wirkung in zwei Richtungen hat: In der Herabwürdigung der »Anderen« steckt implizit die Heraufwürdigung des »Eigenen«. Während der Griechenland-Krise war von »unseren Milliarden« die Rede, die wir rechtschaffenen Deutschen hart erarbeitet hatten und mit denen wir nun großzügigerweise den faulen und deshalb hochverschuldeten Südeuropäern aus der Patsche helfen. Die damalige spanische Finanzministerin Elena Salgado sagte, um die finanzielle Situation ihres Landes in ein besseres Licht zu rücken, den Satz: »Spanien ist nicht Griechenland.« Griechenland wurde zum schwarzen Schaf erklärt und somit zum Bewertungsmaßstab nach unten für andere kriselnde Länder.

Gemäß des EU-Mottos »in Vielfalt geeint« sind Unterschiede nicht problematisch, sondern unbedingt erwünscht. Ohne dessen Akzeptanz und Akzentuierung wäre Europa gar nicht denkbar. Problematisch wird es nur, wenn in der Beschreibung von Unterschieden eine Hierarchisierung dergleichen vorgenommen wird. Wenn das »Eigene« als höherwertig gegenüber dem »Anderen« eingeordnet wird. Diese Wertung zog sich durch die deutsche Berichterstattung über die Eurokrise. Es gab uns tugendhafte, tüchtige und großzügige Retter im Norden Europas und die sündhaften, undisziplinierten und unselbstständigen Geretteten im Süden. Doch dabei blieb es noch nicht: Weil uns die »Rettungsprogramme« etwas abverlangen, sahen wir uns in der Opferrolle des Zahlmeisters. In dieser Denkweise werden die Schuldner zu Tätern, da sie gegen politische Regeln (»Maastricht-Kriterien«) verstoßen, die wir zugleich zu moralischen Regeln erheben, indem wir deren Einhaltung als das »gute« Verhalten werten. In der Wahrnehmung der Kreditnehmer dreht sich dieser Täter-Opfer-Diskurs um 180 Grad: Hier werden die Geberländer und EU-Institutionen zu Tätern, die das eigene Land in eine Geiselhaft von sozial erdrückenden und politisch entmündigenden Sparprogrammen nahmen. In diesem doppelten Diskurs von Tätern und Opfern wird das europäische Gemeinschaftsgefühl den EU-Skeptikern zum Fraß vorgeworfen. Die nationale Identität wird hingegen über die positive Abgrenzung zu und negative Abwertung von vermeintlich typischen Verhaltensmerkmalen anderer Gemeinschaftsmitgliedern gestärkt.

In der Migrationsdebatte lebte der doppelte Täter-Opfer-Diskurs ab dem Spätsommer 2015 wieder auf. Medien in Ungarn, Polen, Tschechien oder der Slowakei sahen in der Bundesregierung erneut den Täter, meist in Komplizenschaft mit der EU-Kommission. In Bezug auf die Flüchtlingsquoten war von einer »Zwangspolitik« (Origo, Ungarn) die Rede, ja sogar einem Diktat Deutschlands und der EU, die »brutal belehren und moralisieren« (wPolityce, Polen) würden. »Merkels rührseliger Humanismus« (Rzeczpospolita, Polen) sei von Emotionalität und Fanatismus getrieben, der ganzen EU wolle sie mit ihrer Flüchtlingspolitik ein »ideologisches Luftschloss« (Madiner, Ungarn) aufdrücken. Die Opferrolle, in der man sich wiederfand, beschrieb Polens zweitgrößte Qualitätszeitung, Rzeczpospolita, am 20. Juni 2018 folgendermaßen: »Die kulturelle Kohärenz der Gesellschaft wird zerstört, Immigranten-Enklaven werden zu Kriminalitätsherden, in den islamischen Migrantenghettos entstehen Rückzugsräume für Terroristen.« In Polen grenzte man sich nicht nur von Deutschland, sondern auch von Schweden ab, wo nach Meinung eines Journalisten mittlerweile die Scharia gelte.[24] Vor allem in Ungarn und Polen folgten viele Medien, nicht zuletzt wegen der autoritären Medienpolitik in diesen Ländern, dem Anti-Migrationsnarrativ der Regierungen. Dieses wurde auch dadurch gestützt, dass Medien in osteuropäischen Ländern deutlich weniger auf die humanitären Aspekte der Thematik eingingen, wie eine Studie des European Journalism Observatory belegt. Zeitungen in Polen und Tschechien veröffentlichten zum Beispiel nicht das Foto der nahe Bodrum angespülten Leiche eines syrischen Jungen, das fast weltweit großes öffentliches Entsetzen auslöste.

Statt Empathie für Schutzsuchende gelang es Viktor Orbán, Ängste vor Migranten in der eigenen Bevölkerung zu schüren. Die staatstreuen Medien machten ihn einerseits zum Beschützer der Ungarinnen und Ungarn vor den Fremden und andererseits zum Freiheitskämpfer für die Emanzipation Ungarns gegenüber Brüssel und Deutschland. Beim Schutz der heimischen Bevölkerung vor Migranten geht es Orbán nicht etwa darum, dass Migranten den heimischen Arbeitern die Jobs wegnehmen könnten oder eine Einwanderung in das Sozialsystem stattfinde. Der ungarische Ministerpräsident hebt zuvorderst auf die Homogenität als spezifischen Wesenskern der ungarischen Gesellschaft ab, weswegen sich seine Bürgerinnen und Bürger gewissermaßen von Natur aus schwerer tun würden, Fremde aufzunehmen. In einer Rede vor dem Europäischen Parlament sagte Orbán am 10. Mai 2015:

»Für uns ist es ein Wert, dass Ungarn ein homogenes Land ist und ein ziemlich homogenes Bild in seiner Kultur, Weltanschauung und seinen Zivilisationsgewohnheiten aufweisen kann. Für uns verkörpert das einen Wert, den wir nicht opfern wollen.«

In unzähligen weiteren Reden untermauerte Orbán die Notwendigkeit des ungarischen Grenzprotektionismus, der vielmehr ein Kulturprotektionismus zum Erhalt der nationalen Identität ist: »Nur mit klaren und verständlichen Worten haben wir eine Chance, unsere Grenzen zu verteidigen, die Völkerwanderung aufzuhalten und unsere nationale Identität zu bewahren«, sagte er am 23. Oktober 2017 in Budapest. Die ungarischen Medien fungierten nur noch als Katapult seines völkischen Narrativs. Mit Blick auf Deutschland wurde aus dem politischen Konflikt ein Kulturkampf zwischen osteuropäischen und westeuropäischen Ländern gemacht, in dem es um die Bewahrung von Identität und Souveränität ging. Dabei vermitteln ungarische Staatsmedien ein stark verzerrtes Bild von Deutschland – als Negativfolie. Deutsche würden von Migranten aus ihren Wohnungen verdrängt, Belästigungen und sexuelle Gewalt durch Flüchtlinge seien die neue Normalität, Behörden bevorzugten Migranten bei Sozialleistungen. In solchen Berichten tauchen interessanterweise oft Politiker der AfD getarnt als Stimmen aus der Bevölkerung auf: Eine Recherche von CORRECTIV ergab, dass das ungarische Fernsehen im Jahr 2018 sieben AfD-Politiker zur Flüchtlingssituation in Deutschland zu Wort kommen ließ, ohne ihre Parteizugehörigkeit zu nennen. Sie wurden als ganz normale Bürger auf der Straße dargestellt.[25]

Ganz anders ist der Diskurs in Deutschland und anderen westeuropäischen Ländern. Zunächst einmal fällt auf, dass sich viele Medien kaum die Mühe machen, zwischen den verschiedenen Positionen der osteuropäischen Länder zu unterscheiden. Sie stellen die Ablehnungshaltung der vier Visegrád-Staaten oft als einhellige Meinung des Blocks »Osteuropa« dar. In den Niederlanden schrieb De Telegraaf am 15. Dezember 2017: »Osteuropa muss Solidarität lernen«. ZEIT Online titelte am 12. Mai 2015: »Osteuropa: Flüchtlinge? Nicht bei uns!«. Das Handelsblatt schrieb am 14. Februar 2016 »Flüchtlingsdebatte: Osteuropa gegen Deutschlands ›Diktat‹.« Osteuropa erscheint in diesen Titelzeilen wie ein homogenes, inhumanes Kollektiv. Doch die Realität ist anders: Slowenien, Bulgarien und Rumänien fahren längst nicht den harten Kurs der Visegrád-Staaten. Kroatien, wenn man es zu Osteuropa dazu zählen möchte, zeigt sich gar solidarisch mit Geflüchteten: Laut Meinungsumfragen will sich ein großer Teil der Bevölkerung gegenüber Flüchtlingen gastfreundlich zeigen.[26] Auch im Baltikum gibt es keine Total-Ablehnung wie bei den Visegrád-Regierungen. Das pauschale Bild vom unsolidarischen oder gar inhumanen Osteuropa ist schlichtweg falsch. Ganz zu schweigen von den zahlreichen zivilgesellschaftlichen Initiativen für Geflüchtete in Ungarn oder Tschechien.

Blickt man auf die inhaltliche Bewertung der Anti-Flüchtlingspolitik der Visegrád-Staaten, so kehrt sich die osteuropäische Betrachtungsweise in den deutschen Medien oftmals um: Was für Orbán die Verteidigung der ungarischen Werte ist, gilt in Deutschland als Verrat an gemeinsamen Werten. SPIEGEL Online schrieb am 7. September 2016: »Ungarn und die Flüchtlinge: Das Ende europäischer Werte«. Der Ideologievorwurf trifft hierbei Orbán und Kaczynski, ihre Regierungen werden zu moralfreien Tätern erklärt, die sich an den europäischen Werten vergehen. Gleichzeitig wird Deutschland wiederum in der Opferrolle gesehen, da man mal wieder als einziges Land Verantwortung übernehme: Erst Zahlmeister für Griechenland, dann Versorgungsmeister für Flüchtlinge. Auch hier liegt in der Kritik des Anderen ein Lob auf sich selbst: Deutsche Medien ermahnen die anderen Regierungen zu mehr Humanität, weil sie die Politik der Bundesregierung als human empfinden. Selbst wenn die deutsche Bundesregierung im Sommer 2018 schon längst auf einen europäischen Abschottungskurs umgeschwenkt hatte, bei dem von einstiger Humanität nicht mehr viel übrig geblieben war: Am 28. Juni 2018 beschlossen Merkel und die anderen Staats- und Regierungschefs die Einrichtung von »kontrollierten Zentren« für Flüchtlinge innerhalb und »Ausschiffungsplattformen« außerhalb der EU, was die Beanspruchung des Asylrechts auf europäischem Boden praktisch verunmöglicht. Ein Indiz dafür, dass Viktor Orbán mit der Äußerung, er sei vom Außenseiter zum Avantgardisten in Europa aufgestiegen, nicht ganz Unrecht haben könnte.

Der mediale Diskurs über die Eurokrise und die Migrationsthematik ist nicht per se nationalistisch, aber er basiert auf national angelegten Selbst- und Fremdbildern, in denen das eigene, moralische und legitime Benehmen in Konflikt mit dem fremden, unmoralischen und unkooperativen Verhalten steht. Unterm Strich fühlen sich alle als Opfer des Verhaltens der Anderen. Ein solches diskursives Wirklichkeitsempfinden kann durchaus den Boden für nationalistische Kräfte bereiten. Denn es hat eine Wirkung auf die Einstellungen der EU-Bürgerinnen und Bürger. Ablesen kann man in Langzeituntersuchungen rund um den Euro- und Migrationsdiskurs vor allem einen Effekt: Eine Stärkung des Nationalgefühls in jenen Ländern, die bei diesen Krisen im Mittelpunkt stehen. Das halbjährlich erscheinende Eurobarometer misst die Verbundenheit der Europäerinnen und Europäer zu verschiedenen politischen und geographischen Bezugsebenen. Es stellt dazu folgende Frage: *Wie stark fühlen Sie sich verbunden mit Ihrer Stadt, Ihrem Land, Europa und der Europäischen Union?* Die Befragten können mit »sehr verbunden«, »ziemlich verbunden«, »nicht sehr verbunden«, »überhaupt nicht verbunden« oder »weiß nicht« antworten. Im Gegensatz zu der Frage, inwiefern sich die Befragten eher als Europäer, Nationaler (sprich Spanier, Däne oder Pole) oder beides »sehen«, bezieht sich die Frage nach der affektiven Verbundenheit expliziter auf ein Kollektiv. Dieses »Item« des Eurobarometers liefert also Hinweise darüber, wie sich die Orientierung zum nationalen und zum europäischen Kollektiv im Kontext der Krisendiskurse verändert hat. Blicken wir zunächst auf die zentralen Länder der Eurokrise: Vergleicht man die Verbundenheit zur Nation vor und nach dem Höhepunkt der Krise, dann erkennt man bei ihnen einen imposant konsistenten Aufschwung des Nationalgefühls. In Griechenland, Portugal, Spanien, Irland und Zypern ist der Anteil der Menschen, die sagten, dass sie sich mit ihrem Land »sehr verbunden« fühlen, zwischen 2007 und 2012 deutlich angestiegen, in Portugal mit plus zwölf Prozent am stärksten. In all diesen Ländern ist die Gruppe, die sich bei »sehr verbunden« einsortiert, im Jahr 2012 die prozentual größte Gruppe unter den genannten Antwortkategorien. In Griechenland überdauerte das Niveau von knapp 80 Prozent der besonders Nationalbewussten auch den etwas verzögerten Höhepunkt der griechischen Krise im Jahr 2015. Während die starke Verbundenheit zur Nation in den Krisenländern zunahm, stieg gleichzeitig auch der Anteil Menschen, die sich mit der Europäischen Union »überhaupt nicht verbunden« fühlten. 2012 gab das in Griechenland jeder Vierte zu Protokoll.

Eine interessante Parallele gibt es zu den Daten der Länder, die der EU-Quote zur Verteilung von Geflüchteten am kritischsten gegenüberstehen. Zwischen Ende 2014 und Ende 2015, also dem Zeitraum, in dem Fluchtbewegungen nach Europa ihren Höhepunkt erreichten und die Verteilungsquote auf der Agenda stand, stieg das verstärkte Nationalbewusstsein in Polen, Ungarn, Slowakei und Tschechien deutlich an. Auch hier stellten Ende 2015 diejenigen, die sich ihrem Land »sehr verbunden« fühlten, die größte Gruppe, mit der konsistenten Tendenz nach oben. Gleichzeitig litt die Verbundenheit mit der EU ähnlich wie in den Eurokrisen-Ländern. Mit Ausnahme von Ungarn nahm in allen Ländern der Anteil von Menschen zu, die sich mit der EU »überhaupt nicht verbunden« fühlten.

Blicken wir schließlich noch auf Deutschland, das in beiden Krisen eine Schlüsselrolle spielte. Auch in dem Land, das ökonomisch am meisten von der europäischen Integration profitiert, steigt das Nationalbewusstsein: Der Anteil der Deutschen, die sich mit dem eigenen Land »sehr verbunden« fühlen, hat in den Krisenjahren 2007 bis 2015 von 41 auf 51 Prozent zugenommen (und stieg bis 2018 noch weiter auf 64 Prozent). Stark mit der EU verbunden fühlten sich Ende 2015 11 Prozent der Deutschen, das sind 1 Prozent weniger als 2007. Das heißt unterm Strich: In nahezu allen EU-Ländern, die im Zentrum der größten innereuropäischen Konflikte der letzten Jahre standen, lies sich ein Trend beobachten: Eine ausgeprägte Form des Nationalgefühls nimmt während der Krisen deutlich zu, gleichzeitig auch ein stärkeres Distanzgefühl zur Europäischen Union. Nation hoch, EU runter. Das ist das toxische Resultat des Teufelskreises aus Konflikt, News und Nationalismus.

MODUS DES MISSTRAUENS

Die Sache mit dem Verbundenheitsgefühl ist deswegen so relevant, weil es etwas über die Möglichkeit zur Solidarität in Europa aussagt.

Es ist ein entscheidendes Merkmal für die Existenz einer *Gemeinschaft*. Und eben auch ein entscheidender Faktor für die Beilegung der Kontroversen in der Euro- und Migrationspolitik. Jürgen Habermas hat 1996 die »Solidarität unter Fremden« als Kondition für die Entstehung eines integrierten Europas beschrieben. 22 Jahre später stellte er enttäuscht fest, dass es eine »konditionierende Umdeutung des Begriffs Solidarität« in der EU gebe. Ursprünglich definiert sich solidarisches Handeln nach Habermas:

»Wer sich solidarisch verhält, ist bereit, sowohl im langfristigen Eigeninteresse wie im Vertrauen darauf, dass sich der andere in ähnlichen Situationen ebenso verhalten wird, kurzfristig Nachteile in Kauf zu nehmen.«[27]

Die Eigenart der inneren EU-Solidarität steckt in Sätzen wie »Solidarität ist keine Einbahnstraße«. Sie knüpft das »Geben« des Einen an ein gleichzeitiges »Zurückgeben« des Anderen – wie im Straßenverkehr, der zeitgleich in zwei Richtungen fließt. Im Falle der Griechenland-Kredite drückten sich die geforderten sofortigen Gegenleistungen in Verhaltensänderungen wie Kürzungen und Strukturreformen aus. Nicht mal eine Bank, die ihrem Kunden einen Kredit gewährt, belegt den Kunden neben den Zinsen mit Maßregelungen im Verhalten. Zum Beispiel, dass sich dieser für die Laufzeit des Kredits nur noch einmal im Monat statt einmal pro Woche ein Stück Kuchen leisten dürfe. In so etwa war aber das Prinzip der Griechenland-Kredite. Das Land musste einerseits seine Kredite bedienen und Zinsen zahlen, aber andererseits zur gleichen Zeit radikal kürzen, sparen, rationalisieren, obwohl man der Meinung sein kann, dass eine Wirtschaft in erster Linie durch Investitionen statt Einsparungen wieder auf die Beine kommt. Es fehlte vollkommen an Vertrauen in die Staaten, mit den Krediten »vernünftig« umzugehen. Im eigentlichen Sinne lebt Solidarität eben nicht von einer solchen Synchronizität des »Geben und Nehmen«, sondern von Asynchronizität, die sich durch gegenseitiges Vertrauen rechtfertigt. Doch die europäische Politik wird vom Primat des Eigeninteresses der

Mitgliedsländer geleitet, ohne dabei vom gemeinschaftskonstituierenden Vertrauen ausgeglichen zu werden. Erst durch die Kombination von beidem wäre Europa eine solidarische Gemeinschaft. Bloß wie soll es auch Vertrauen in einem Umfeld geben, das seit Jahren durch eine Rhetorik der Differenz, des Wettkampfs und des Krieges geprägt ist? Wenn man die anderen Mitglieder der Gemeinschaft immer wieder zu Gegnern und Feinden stilisiert, entsteht kein Vertrauen, sondern ausgeprägtes Misstrauen. Dieses Misstrauen ist das Resultat des toxischen Europa-Diskurses, der von einer Sprache des Gegeneinanders geprägt ist. Er hat eine politische Situation in Europa geschaffen, in der auf dem Weg zur vertieften Union langsam aber sicher der Rückwärtsgang einlegt wird. Wie sehr die Mentalität aus Eigeninteresse und Misstrauen Europa heute hinsichtlich einer weiteren Integration immer handlungsunfähiger macht, wurde im Frühling 2018 deutlich. In Deutschland hatte sich nach knapp einem halben Jahr Regierungsvakuum eine neue Bundesregierung formiert. Den Bundestagswahlkampf eingenommen, hatte diese deutsche Selbstbeschäftigung die Europapolitik schon für ein komplettes Jahr blockiert. Nun war man aber bereit, dem französischen Präsidenten Emmanuel Macron endlich eine Antwort auf seine EU-Reformvorschläge zu geben. Es ging inhaltlich unter anderem um die Schaffung eines Eurozonen-Bugdets, eines Euro-Finanzministers und eines Europäischen Währungsfonds. Diese Vorschläge zielen darauf ab, Solidarität zu institutionalisieren statt sie immer wieder aufs Neue auszuhandeln und sie somit von nationalen Gefühlslagen loszulösen. In der Bundestagsfraktion der CDU/CSU brach ein Streit über die eigene Positionierung zu Macrons Plänen aus. Der Finanzpolitiker Ralph Brinkhaus, der zu diesem Thema die Beschlussvorlage für seine Fraktion entworfen hatte, wurde in der Süddeutschen Zeitung mit der Aussage zitiert: »Die Union wird kaum europäischen Reformplänen zustimmen, die so interpretiert werden könnten, dass Deutschland für andere Staaten zahle.«[28] Bereits ein paar Monate zuvor hatte Brinkhaus auf einen Vorschlag der EU-Kommission zur Vertiefung der Wirtschafts- und Währungsunion nach dem gleichen Muster reagiert: »Die EU-Kommission sollte bedenken, dass viele der angedachten Maßnahmen zu einer weiteren Belastung des deutschen Steuerzahlers führen werden.«[29] Sein Unionsfreund aus der CSU, Markus Söder, meinte zur gleichen Zeit, dass »sehr viele Menschen« in Deutschland denken: »Wir sind sehr für Europa, aber dass wir immer bezahlen müssen, das wäre einfach ein Tick zu viel.«[30] Die Bundesregierung konnte sich letztlich nur zur Umsetzung kleiner Reformschritte von Macrons großer Reformagenda durchringen. Der große Wurf wird durch das weitverbreitete Denkschema von Europa als kurzfristige Rechnung verhindert. Auch das ist ein Europa-Framing. Die Reduzierung der Europäischen Union auf Zahlen, was wir als Deutsche einzahlen und dafür rausbekommen. Wenn man auf die nackten Zahlen blickt, ist es nicht schwer darauf zu kommen, Deutschland wäre der »Zahlmeister« Europas. Nur verraten diese Zahlen eben auch nicht alles: Zwar zahlt Deutschland als größtes Land auch den größten Beitrag in den EU-Haushalt, aber »pro Kopf« zahlen Frankreich und Belgien mehr ein. Ganz zu schweigen davon, dass die Exportnation Deutschland größter Nettoprofiteur des Binnenmarktes ist. Doch eben jenes Verständnis von Europa als »Plus-Minus-Rechnung« hat auch jahrelang die britische EU-Politik geprägt. Es war der perfekte Nährboden für die Kampagne der Brexiteers, die mit Falschaussagen wie »Wir schicken der EU 350 Mio. Pfund pro Woche« operierte. Ein konservativer Europaabgeordneter sagte bereits 2009:

»Großbritannien zahlt momentan etwa 12–13 Milliarden Pfund in den EU-Haushalt ein und bekommt 8 oder 8,5 Milliarden zurück. Also glauben die Leute, unser Nettobeitrag wäre 2,5 Milliarden, aber das ist nicht wirklich wahr, weil das bedeuten würde, dass die 8 Milliarden für Dinge ausgegeben werden, die wir uns ausgesucht haben. Dem ist offensichtlich nicht so. Es wird für Arbeitsbeschaffungsmaßnahmen für eine kleine Klasse von der EU begünstigten Auftragnehmern ausgegeben.«

Es gebe viele weitere Argumente gegen die Sicht dieses Tory-Politikers auf Europa, etwa dass Großbritannien stets eine gewichtige Stimme bei den Entscheidungen über die Ausgaben des EU-Haushalts hatte oder dass sich der »Gegenwert« der europäischen Integration in Form von Frieden und Freizügigkeit gar nicht numerisch erfassen lässt. Doch diese Argumente zählen nicht für jemanden, der den Institutionen, die diese Ausgaben betreuen, grundsätzlich misstraut. Eine Gemeinschaft kann keine Solidarität praktizieren, wenn der Eine unaufhörlich unterstellt, der Andere wolle nur sein Geld. Die Süddeutsche Zeitung nannte diese Haltung im Fall von Ralph Brinkhaus »Fahnenflucht«. Man könnte es auch Vertragsbruch nennen. Denn die EU-Verträge nennen ausdrücklich die Solidarität sowohl zwischen EU-Staaten als auch zwischen den EU-Bürgerinnen und Bürgern als Ziel. In Europa gibt aber der Saldo anstelle der Solidarität den Ton an. Auch das ist nur die Sicht der sogenannten Nettozahler. Die Sicht der Nettoempfänger ist ebenso von Misstrauen geprägt. Der bulgarische Autor Ivan Krastev hat in den letzten Jahren der oft westeuropäisch geführten EU-Debatte den Spiegel vorgehalten und um eine osteuropäische Perspektive ergänzt. Darin bringt Krastev das Misstrauen vieler Osteuropäer gegenüber den westeuropäischen Ländern zum Ausdruck. Europäische Integration hätte schon immer die Angleichung der osteuropäischen Form des Wirtschaftens, Lebens, Kulturschaffens an die westeuropäische bedeutet. Krastev teilt Europa in *Nachahmer* und *Nachgeahmte* ein. Aus diesen Beschreibungen ergibt sich das Gefühl, Europa ist nicht in Vielfalt, sondern durch Gleichmachung geeint. Möglicherweise ein weiterer Grund für den aufkeimenden Nationalismus in Ländern wie Ungarn, Polen oder der Slowakei.

DER UNBEKANNTE RETTER

Der zuvor identifizierte Teufelskreis europäischer Krisendiskurse ist weder ein Zufallsprodukt noch ein Naturgesetz, sondern kann mit dem konkreten Verhalten von Politik und Medien erklärt werden. Die Abwertung anderer Länder und Aufwertung des Eigenen sowie die Fokussierung auf das nationale bei gleichzeitiger Negierung eines europäischen Interesses macht gemeinsame europäische Lösungen schon schwer genug. Dennoch würde das noch nicht ausschließlich, dass die EU-Institutionen als Verteidiger des europäischen Interesses und Vermittler in Krisen eine ausgleichende Rolle im Diskurs spielen. Wie beschrieben, sind die Krisen in erster Linie Differenzen unter EU-Mitgliedsstaaten im Europäischen Rat, weniger zwischen den supranationalen europäischen Institutionen und den nationalen Regierungen. Die EU-Kommission und auch der EU-Ratspräsident sind laut EU-Verträgen explizit dazu bestimmt, als Vermittler in Konflikten zwischen Mitgliedsstaaten aufzutreten und Kompromisse vorzuschlagen. Es ist also nicht nur grundsätzlich denkbar, die europäischen Institutionen als Konfliktlöser zu verstehen, sondern genau das ist im europäischen Recht vorgesehen. Wenn es in der Gemeinschaft ein Problem gibt, sind die Gemeinschaftsinstitutionen dazu da, es zu lösen. Im öffentlichen Diskurs wird den europäischen Institutionen diese Rolle jedoch kaum zugestanden. Welche Rolle die Medien den EU-Institutionen zuschreiben, haben Kommunikationswissenschaftler der Johannes Gutenberg-Universität Mainz untersucht. Ihre erhellende Studie mit dem Titel »Ich will einen Retter, kein Opfer« erschien Anfang 2018. In 13.817 Zeitungsartikeln aus zehn verschiedenen EU-Ländern zwischen 2010 und 2012 haben die Forscher untersucht, inwiefern die EU-Institutionen eher als »Retter« oder als »Opfer« in der Eurokrise porträtiert werden. Das Ergebnis: Nur in 21 Prozent der Artikel wird der EU die Verantwortung für die Lösung einer Krise zugeschrieben. Zwar wird der EU noch seltener die Opferrolle zugeschrieben (10 Prozent), trotzdem steht der geringe Anteil beim Vermittlerstatus im Widerspruch zur tatsächlichen politischen Rolle der EU-Institutionen. Zudem konnte die Studie nachweisen, dass die Zuweisung der Vermittlerrolle einen Einfluss auf die Einstellungen der Leserinnen und Leser zu Europa hat. Das bemerkenswerte Fazit der Studie:

»Die Zuschreibung von Verantwortung für die Lösung der Krise an die EU in der nationalen Medienberichterstattung hatte einen signifikanten Einfluss auf die Unterstützung der Bürger für eine tiefergehende europäische Integration. Die Richtung des Einflusses legt nahe, dass wenn nationale Medien die EU als verantwortlich für die Lösung der Krise beschrieben, die Unterstützung der Bürger für eine vertiefte europäische Integration ansteigt [...] Die Zuschreibung eines Opferstatus in den nationalen Nachrichtenmedien erzeugt einen stärkeren negativen Einfluss auf die Einstellungen von Bürgern hinsichtlich europäischer Integration.«[31]

Dieser Befund ist aus zwei Gründen lehrreich: Zum einen bestätigt er, dass das »Wie« der Berichterstattung über europäische Politik einen Einfluss auf die Einstellungen der Bürgerinnen und Bürger zur europäischen Integration hat. Gerade weil die EU für viele Menschen weit weg und möglicherweise kompliziert erscheint und deshalb eine Sinnstiftung durch eigene Erfahrungen und eigenes Wissen schwierig ist, haben Vermittler aus Politik und Medien einen verstärkten Einfluss auf die Meinungsbildung der Menschen. Zum anderen zeigt der genannte Befund einen Weg aus dem Teufelskreis der europäischen Krisendiskurse auf. Wenn die EU-Institutionen nicht als Konfliktauslöser oder Krisenopfer, sondern als Problemlöser, also gemäß ihrer institutionellen Rolle, erwähnt und dargestellt werden, könnte dies verhindern, dass mit der Stärkung der nationalen Identität gleichzeitig eine Schwächung der EU-Verbundenheit einhergeht. Die Zuschreibung von Verantwortung für die Lösung der Krisen hätte gar das Potenzial, die Unterstützung für stärkere EU-Institutionen zu erhöhen. Allein, die europäischen Institutionen werden zu selten als Problemlöser beschrieben. Sie bleiben ein unbekannter Retter. Noch schlimmer: Die Legitimität ihres Handelns wird verschwiegen, im schlimmsten Falle sogar negiert. Die Politologin Dominika Biegón kommt in einer weiteren Untersuchung der EU-Berichterstattung zu dem Fazit: »Diejenigen Legitimationsobjekte, die besonders häufig im Zentrum des Legitimationsgeschehens stehen – also das politische System als Ganzes, der Europäische Rat und die Kommission –, erfahren nur ein geringes Maß an diskursiver Unterstützung.«[32] Selbst die Legitimität hart ausgehandelter Gipfelkompromisse zwischen Regierungen wird von nationalen Medien in Zweifel gezogen. Gerade für das wichtige Entscheidungsgremium der EU erweisen sich die Medien nicht als Legitimationsrahmen für europäisches Handeln. Legitimiert wird nur, was national nutzt oder zu nutzen scheint. Doch nur wenn der Europäischen Union Legitimität zugesprochen wird, kann sie Souveränität erreichen. Legitimität auf dem Papier, so möchte ich abschließend in diesem Kapitel argumentieren, reicht nicht aus. Es bedarf einer permanenten neuen Legitimierung über den Diskurs, damit die EU langfristig überlebensfähig ist.

DISKURS DER DELEGITIMIERUNG

Wie eingangs beschrieben, ist die Kontroverse über die Zukunft Europas im Kern eine Debatte über den Ort von Souveränität. Ein konkreter Fall vergegenwärtigt diese Kontroverse sehr eindrücklich: Der Europäische Gerichtshof entschied am 6. September 2017, dass Ungarn und Slowenien dazu verpflichtet sind, Flüchtlinge aus Griechenland und Italien im Rahmen des EU-Verteilungsmechanismus aufzunehmen. Bis zu diesem Zeitpunkt weigerten sich beide Länder, den entsprechenden Beschluss des Europäischen Rats auszuführen. Slowenien lenkte schließlich ein und kündigte an, sich der Entscheidung des EuGH zu beugen. Die Regierung zweifelte die Legitimität der europäischen Rechtsprechung nicht an. Anders verhielt sich Ungarn. Laut Verteilungsquote muss die Regierung Orbán knapp 1.200 Flüchtlinge aufnehmen. Weil europäisches Recht über nationalem Recht steht, hätten diese Menschen just nach dem Urteil in Griechenland und Italien in Busse gesetzt und nach Ungarn gebracht werden müssen. Doch so kam es nicht. Viktor Orbán akzeptierte die Entscheidung der Luxemburger Richter nicht. Er sprach ihnen in diesem Fall die Legitimität ab, obwohl auch Ungarn mit der Unterzeichnung der EU-Verträge eingewilligt hat, einen Teil seiner Souveränität an die EU-Institutionen abzutreten. Nach Orbáns Logik gibt es ein nationales Recht auf Bruch des europäischen Rechts. Wenn eine mit demokratischer Mehrheit getroffene Entscheidung der EU-Mitglieder nicht der – freilich ebenfalls demokratisch legitimierten – Meinung eines einzelnen Mitglieds entspricht, kann sich dieses Mitglied der Entscheidung widersetzen. Europäische Souveränität ist also nach Orbáns Verständnis selektiv. Nun muss man an dieser Stelle anmerken, dass die Verteidigung der europäischen Souveränität gegenüber der nationalen Souveränität ein nicht ganz müheloses Geschäft ist – da die EU selbst mit Legitimationsproblemen zu kämpfen hat (insbesondere auch die von der informellen Euro-Gruppe gesteuerten Eurokrisen-Politik). Der Politikwissenschaftler Claus Leggewie spricht daher von einem »echten Dilemma«, in dem die EU aufgrund ihrer eigenen Demokratiedefizite steckt.[33] Dennoch gibt es geltende Verträge. An Orbán wird deshalb der Unterschied zwischen legitimer EU-Kritik und delegitimierender EU-Ablehnung deutlich. Selbstverständlich kann er kritisieren, *welche* Entscheidung hinsichtlich der Verteilungsquoten getroffen wurde, aber im Rahmen des geltenden EU-Rechts kann er nicht ablehnen, *dass* eine Entscheidung diesbezüglich getroffen wurde. Die Übereinkunft über Entscheidungsbefugnisse ist ein Minimalkonsens in der Demokratie. Wäre die europäische Demokratie schon eine gereifte Frucht – und nicht nur eine zarte Knospe –, dann wäre der Rechtsbruch von Orbán hart sanktioniert und das Recht gegen den Rechtsbrecher durchgesetzt worden. Anders gesagt: Die 1.200 Flüchtlinge wären nun in Ungarn. Doch Ungarn droht lediglich eine Geldstrafe. In Demokratien müssen Rechtsbrecher außerdem mit der Ächtung durch die Gesellschaft rechnen. Es stört das Rechtsempfinden der Bürgerinnen und Bürger, wenn sich jemand nicht an die Regeln hält, wenn sich jemand auf unlauterem Wege Vorteile gegenüber den Rechtstreuen verschafft. Der »öffentliche Pranger« droht – einerseits als Selbstvergewisserung der Gemeinschaft über das gemeinsame Verständnis, man habe sich an Recht und Ordnung zu halten, andererseits als Legitimationsritual für das bestehende Rechtssystem. Würde es niemanden jucken, wenn sich ein anderer nicht an die Gesetze hält, wenn der Rechtsbrecher keinen Ansehensverlust erleidet und keine Nachteile im gesellschaftlichen Umfeld fürchten muss, dann fehlte dem Rechtsstaat eine wichtige *soft power*.

In Europa passiert genau das. Nicht nur im Falle Ungarns. 2018 untersuchte der EuGH, ob die Justizreform der polnischen Regierung mit europäischem Recht vereinbar ist. Die PiS-Partei wollte das Rentenalter für Richter des obersten Gerichtshofs von 70 auf 65 Jahre herabsetzen, um das Gericht früher als vorgesehen neu besetzen zu können. Noch bevor der EuGH mit seiner Arbeit fertig war, sagte der stellvertretende polnische Premierminister Jarosław Gowin, dass Polen ein negatives Urteil »ignorieren« werde. Auch hier blieb öffentlicher Widerspruch aus. Diese beiden Fälle sind traurige Zeugnisse dafür, dass die Legitimität europäischer Institutionen ohne Folgen, ja nahezu ohne jegliche Regung der Öffentlichkeit, also der EU-Bürgerinnen und -Bürger (der eigentliche Souverän), untergraben werden kann.

Legitimität haben die EU-Länder den Institutionen der Europäischen Union einerseits mittels der EU-Verträge verliehen. Neben der Rechtsdurchsetzung kommt der EU zudem bei der Rechtsetzung Legitimität zu, weil die Entscheidungen von gewählten Vertretern nationaler Regierungen und von gewählten EU-Abgeordneten getroffen werden. Das sind die Formalien der europäischen Legitimität. Um überlebensfähig zu sein, müssen demokratische Systeme ihre formale Legitimität permanent in der politischen Praxis bestätigen, rechtfertigen und festigen. Ein Raum, in dem demokratische Politik ihre Legitimität reproduzieren kann und muss, ist die Öffentlichkeit. In der Öffentlichkeit vollzieht sich eine demokratische Willensbildung, die laut Jürgen Habermas »die Ausübung politischer Macht nicht nur nachträglich kontrolliert, sondern mehr oder weniger auch programmiert«.[34] Nur wenn Entscheidungen eines politischen Systems angemessen an die Öffentlichkeit angebunden sind, können sie demokratische Legitimität beanspruchen. Dieser Grundsatz vom Habermas'schen Demokratiemodell trifft im Besonderen auf die EU-Institutionen zu: Da die EU-Kommission nicht direkt von den EU-Bürgerinnen und Bürgern mittels Wahlen legitimiert ist, kommt dem öffentlichen Diskurs als Mechanismus zur Herstellung von Legitimation eine besondere Rolle zu. Wie oben gezeigt wurde, stützt die mediale Berichterstattung die Legitimität der europäischen Institutionen als Problemlöser nur selten. Im Vordergrund steht die Legitimität der nationalen Regierungen als Durchsetzer des nationalen Interesses. Im schlechtesten Fall wird die EU bei derartiger Betrachtung in der Öffentlichkeit nicht legitimiert, sondern delegitimiert.

Während dieses Kapitel das Problem des toxischen Europadiskurses aufgezeigt hat, sollen im nächsten Kapitel die Ursachen dafür ergründet werden. Es geht dabei um die Frage, warum die heutige Öffentlichkeit in Europa die Legitimität europäischer Politik nicht stützen kann. Diese Frage ist für die Zukunft Europas von großer Bedeutung. Die Europäische Union – und das ist einer der wenigen Konsense in der hitzigen Europadebatte – ist in ihrem Status quo kaum zukunftsfähig. Doch egal in welche Richtung sich Europa entwickeln soll, eine Debatte und eine Entscheidung darüber braucht einen angemessenen Kommunikationsraum. Betrachtet man die Frage aus der Perspektive derjenigen, die die Vollendung der europäischen Demokratie als nächsten großen Integrationsschritt der EU betrachten, dann erscheint sie noch viel dringlicher: Wenn schon die existierenden Befugnisse europäischer Institutionen ignoriert werden können, ein Hauptproblem der heutigen Europäischen Union die Durchsetzung und Wahrung ihrer eigenen Legitimität ist, dann ist jeder weitere Integrationsschritt zum Scheitern verurteilt, wenn er nicht mit der Schaffung einer Öffentlichkeit einhergeht, die diese demokratische Legitimität immer wieder im Kern erneuert.

_KAPITEL 2
DIE URSACHE: NATIONALE FILTERBLASEN

Das erste Kapitel hat herausgestellt, dass die EU ein fundamentales Problem damit hat, wie über Europa gesprochen und geschrieben wird. Im Diskurs werden Partner zu Gegnern, europäische Institutionen delegimitiert anstatt legitimiert, Nationalismus statt europäischer Gemeinsinn gefördert. Den Ursachen dafür möchte dieses zweite Kapitel auf den Grund gehen. Die naheliegende Vermutung ist, dass in Europa zwei Phänomene nicht miteinander verknüpft sind, die seit jeher zusammen gehören: Demokratie und Öffentlichkeit. Bei Aristoteles war die *Agora* der öffentliche Versammlungsort, um den sich in der *Polis* alles drehte, der Vermittlungsraum zwischen Repräsentanten und Repräsentierten und zwischen Bürgerinnen und Bürgern untereinander. Idealtypisch gesprochen, debattieren hier die Menschen über gemeinsame Angelegenheiten in einem für alle zugänglichen Raum. Mit dem Marktplatz von Athen war die Öffentlichkeit bei Aristoteles noch ein konkreter Ort, für die Menschen begehbar. Heute sind politische Systeme wie der Nationalstaat oder die EU gemessen an Bevölkerung und Geographie viel weitreichender als die Athener Republik, die mit 35.000 Einwohnern auf 2.500 Quadratkilometern nicht mehr als ein demokratisches Dorf war. Analoge Versammlungen können heute längst nicht mehr allein eine adäquate Öffentlichkeit herstellen. Dazu gibt es die Massenmedien, die über Politik informieren und verschiedene Standpunkte abbilden sollen, um eine Meinungsbildung zu stimulieren. Öffentlichkeit ist einerseits zu einem Abstraktum geworden, denn wir können sie niemals ganz überschauen, kennen nicht alle Akteure, die mit uns daran teilnehmen und auch nicht alle Themen, die Gegenstand der öffentlichen Debatten sind. Andererseits nehmen wir nahezu ununterbrochen an der Öffentlichkeit teil. Sie hängt heute nicht mehr von physischer Präsenz ab, aktiv oder passiv handeln wir unaufhörlich öffentlich. Das Smartphone ist das beste Beispiel für die Dauer-Öffentlichkeit unserer Zeit: Es ist immer online, immer empfangsbereit, die neuste Push-Meldung der Nachrichten-App erreicht uns sofort – und die meisten von uns lesen sie auch sofort. Die Massenmedien und die kaum mehr abschaltbaren Digitalmedien in besonderer Weise haben die Grenzen zwischen Privatheit und Öffentlichkeit nahezu aufgelöst. Politisch wurde das Konzept von Öffentlichkeit traditionell auf die Nation bezogen. Jürgen Habermas hat mit seinem Buch »Strukturwandel der Öffentlichkeit« in den 1960er-Jahren und in mehreren späteren Überarbeitungen eine historische Aufarbeitung und eine allgemeine Theorie der Öffentlichkeit beigetragen. Demzufolge ist Öffentlichkeit seit dem späten 19. Jahrhundert eng an einen Nationalstaat und dessen nationale Sprache gebunden. Öffentlichkeit wurde als öffentliche Sphäre verstanden, in der Bürgerinnen und Bürger eines Landes über sie gemeinsam betreffende Themen diskutieren. Neben einer gemeinsamen Sprache galten auch eine gemeinsame Kultur und eine Form der nationalen Identität als wichtige mentale Voraussetzungen, nicht nur damit die Verständigung in der Öffentlichkeit gelingt, auch damit die Themen tatsächlich als relevante und gemeinsame Anliegen von den Menschen aufgefasst werden. In der Summe zählten also das politische Gemeinwesen, Sprache, Kultur, Identität und Medien zu den unabdingbaren Voraussetzungen für eine demokratische Öffentlichkeit.

Natürlich gab es nie so etwas wie die eine nationale Öffentlichkeit. Schon immer war Öffentlichkeit fragmentiert, etwa in lokale oder thematische Teilöffentlichkeiten. Doch die Massenmedien, im Besonderen die Leitmedien, besaßen das Monopol der Reichweite und hatten deshalb in der Ausübung ihrer Rolle als Gatekeeper besonders großen Einfluss, welche Themen und Personen die Nation als Ganzes bewegte. Die Digitalisierung hat die Idee der einheitlichen nationalen Öffentlichkeit endgültig revidiert. Zum einen wurde die Vormachtstellung der etablierten Massenmedien durch alternative, digitale Medien gebrochen. Das löst gerade in Ländern mit stabilen unabhängigen Mediensystemen mitunter große Besorgnis aus. Die Vermutung: Die abnehmende Orientierungsfunktion der Massenmedien trifft auf eine zunehmende Desorientierungsfähigkeit der sozialen Medien. Der prinzipiengeleitete Gatekeeper steht nun im Wettbewerb zum Aufmerksamkeit maximierenden Algorithmus. Als Randnotiz muss allerdings angemerkt werden, dass man hierbei selbst innerhalb der EU unbedingt differenzieren sollte. Die Regierungen in Ungarn und Polen haben die etablierten Medien mehr oder weniger gleichgeschaltet. In diesen Ländern sind es digitale Alternativmedien, die heute als einzige kritisch über die Regierung berichten und die »Wachhund«-Funktion des Journalismus übernehmen. Aber auch dort, wo aufgrund von Troll-Armeen, Bot-Netzwerken und Deep Fakes eine digitale Desillusionierung eingesetzt hat, sollte man eines nicht unterschlagen: Die Digitalisierung hat die Verbindung zwischen Öffentlichkeit, Geographie und nationaler Identität aufgebrochen. In sozialen Netzwerken kann sich 24 Stunden, sieben Tage die Woche, in kürzester Zeit eine riesige globale Öffentlichkeit bilden. Meistens passiert das entlang eines konkreten Themas, wie etwa bei der #MeToo-Debatte zu Beginn des Jahres 2017. Gleichzeitig sind trotz dieser bahnbrechenden Veränderungen und postnationalen Entwicklungen die klassischen (nationalen) Medien heute alles andere als abgemeldet: Im Jahr 2017 erreichte die 20-Uhr-Tagesschau in Deutschland mit durchschnittlich 10,19 Millionen Zuschauern pro Tag einen historischen Höchststand. In ganz Europa vertrauen die Menschen den Informationsangeboten des Rundfunks noch immer am stärksten. Und natürlich werden diese heute auf analogen wie auf digitalen Wegen konsumiert. Unterm Strich lässt sich für die gegenwärtige mediale Öffentlichkeit sagen: Die Bindekraft nationaler Leitmedien ist weiterhin hoch, aber die Öffentlichkeit ist entgrenzter, fluider und fragmentierter geworden.

Wie stehen in dieser Gemengelage die Chancen für eine europäische Öffentlichkeit als Legitimationsrahmen für europäische Politik? Über eine europäische Öffentlichkeit zerbrechen sich Wissenschaft, Politik, Medien und Kultur schon seit knapp drei Jahrzehnten den Kopf. Spätestens mit der Einführung der Unionsbürgerschaft durch den Vertrag von Maastricht (1992) war klar: Wenn die Menschen ihre Verbindung durch die EU-Bürgerschaft spüren und leben sollen, müssen sie auch jenseits von Symbolen und Dokumenten miteinander verbunden werden. Unumstritten ist also, dass eine europäische Öffentlichkeit notwendig ist, damit Politik und Diskurs in Europa auf ebenbürtiger Ebene stattfinden können. Umstritten ist jedoch, welche Form eine Öffentlichkeit annehmen müsste, die der europäischen Demokratie auf die Sprünge helfen könnte. Im Zentrum der Debatte stehen bis heute zwei Modelle: Das erste Modell versteht eine europäische Öffentlichkeit als supranationales Abbild der nationalen Öffentlichkeit. Eine Super-Öffentlichkeit, die über den nationalen Öffentlichkeiten angesiedelt ist, in der über europäische (Leit-)Medien gemeinsame Angelegenheiten aus europäischer Perspektive in »europäischer Sprache« debattiert werden. Im zweiten Modell soll die europäische Öffentlichkeit nicht die Nationen überwölben, sondern entsteht durch die Europäisierung aller nationalen Öffentlichkeiten. Das hieße in der Praxis: Europa debattiert unter Beachtung gemeinsamer Interessen zur gleichen Zeit dieselben Themen, aber über nationale Medien. Soweit die zwei zentralen Positionen in der Debatte um die europäische Öffentlichkeit.

VERGESST DEN EUROPÄISCHEN FERNSEHSENDER!

Nun zum Stand der Auseinandersetzung: Modell eins, eine europäische Öffentlichkeit nach nationalem Vorbild, würde bedeuten, dass wir die konstituierenden Elemente der Öffentlichkeit – gemeinsame Sprache, Medien, Kultur – auf der europäischen Ebene wiederfinden können. Klar: Wir brauchen erst gar nicht danach suchen, denn wir würden nicht fündig werden. Europa sollte es auch tunlichst vermeiden, auf eine Gleichmacherei von Nationen hinzuarbeiten, sprich Kulturen, Sprachen und Identitäten sollten unbedingt vielfältig bleiben. Ein prominentes Medienprojekt aus Großbritannien scheiterten genau an dieser Fehlausrichtung in den 1990er-Jahren: »The European« wollte die erste europäische Zeitung sein, erschien allerdings nur in englischer Sprache. Dabei steht sprachliche und kulturelle Vielfalt einer Öffentlichkeit auch im nationalen Rahmen nicht im Wege. Man denke etwa an jene Demokratien, die schon immer multilingual waren: Indien hat 22 offizielle Sprache, Südafrika elf und die Schweiz vier. Das verunmöglicht keine gemeinsame Öffentlichkeit: Der Schweizer Rundfunk (SRF) sendet parallel viersprachig, bei der südafrikanische *SABC* laufen im gleichen Programm abwechselnd Serien auf Zulu, Xhosa oder Englisch. Auch an kultureller Diversität scheitert Öffentlichkeit nicht. Wahrscheinlich stehen die Nordfriesen in Schleswig-Holstein den Dänen hinter der Landesgrenze kulturell sogar näher als den Bayern im eigenen Land. Schließlich ist auch eine kollektive Identität in Europa mittlerweile dahingehend ausgebildet, dass sich heute 70 Prozent als Bürgerinnen und Bürger der EU fühlen. Man darf also davon ausgehen, dass Europas Bürgerinnen und Bürger europäische Themen grundsätzlich als relevante und gemeinsame Angelegenheiten auffassen. An den Faktoren Sprache, Kultur und Identität würde eine europäische Öffentlichkeit nach dem ersten Modell nicht scheitern. Der Versuch, die nationale Öffentlichkeit als Blaupause für eine europäische heranzuziehen, misslingt an anderer Stelle: Bei den Massenmedien. Deshalb gibt es auch alle Jahre wieder die Rufe nach einem europäischen Fernsehsender. Am 4. Juli 2015, als hätte Carolin

Emcke geahnt, dass der damalige Bundesfinanzminister Wolfgang Schäuble nur eine Woche später tatsächlich den Ausstieg Griechenlands aus dem Euro vorschlagen wird, forderte die Autorin in der Süddeutsche Zeitung:

»Es braucht endlich einen gemeinsamen, unabhängigen Fernsehsender, in dem sich Europa nicht mehr lokal oder imperial, sondern so vielsprachig und multiperspektivisch artikulieren kann wie es ist.«

So richtig der formulierte Zweck ist, so wenig scheint das Mittel dafür geeignet zu sein. Zum einen wäre es ein höchst anachronistisches Vorgehen, in Zeiten der Digitalisierung einen klassischen Fernsehsender aufzumachen. Zwar ist das Fernsehen noch das meist genutzte Medium in Europa, aber die Nutzung war in den letzten Jahren rückläufig, besonders über das altmodische TV-Gerät. Auch schwankt die Fernsehnutzung innerhalb der Union sehr stark: Während in Bulgarien 92 Prozent »täglich oder fast täglich« fernsehen, sind es in Schweden, egal ob über das klassische TV-Gerät oder das Tablet, nur noch 61 Prozent – mit stark rückläufiger Tendenz. Den stärksten Aufstieg in der Mediennutzung verzeichnet freilich das Internet: Während 2010 noch weniger als die Hälfte der Europäerinnen und Europäer »täglich oder fast täglich« das Netz nutzten, waren es 2017 laut Eurobarometer bereits zwei Drittel. Vermutlich sind es sogar noch mehr, weil solche Umfragen meist die Dauer-Konnektivität durch Smartphones nicht mit abdecken. Zum anderen ist der europäische Fernsehmarkt äußerst saturiert. Hier und da gelingt es noch einem neuen Spartenkanal, sich für ein spezielles Publikum zu etablieren, aber die großen Stücke vom Kuchen der Einschaltquoten sind fest in den Händen etablierter Kanäle. Ein europäischer Sender in der Nische wäre wiederum nicht in der Lage, eine wirkliche europäische Öffentlichkeit herzustellen. Genau dort, in der Nische, sind die bisherigen Versuche für einen europäischen Sender eben auch gelandet. Franzosen und Deutsche denken hierbei wahrscheinlich intuitiv an ARTE. Alle, die ARTE schauen, finden

den Sender großartig. Zweifelsohne ist er das auch. Aber den Sender schauen eben nur sehr wenige: In Deutschland hat ARTE einen Marktanteil von einem Prozent, in Frankreich sind es zwei Prozent. Es ist ein gebildeteres, daher ohnehin schon eher europäisch orientiertes Publikum. Die WELT nannte den Sender deshalb einst »das Distinktionswerkzeug des Kulturbürgers«.[35] Vor allem ist ARTE aber ein deutsch-französisches, kein paneuropäisches Projekt. Die Programme werden nur in den zwei Sprachen produziert. Die Tatsache, dass die EU-Kommission seit 2015 die Untertitelung der Sendungen in vier zusätzliche Sprachen finanziert, macht den Sender nur geringfügig attraktiver für eine kleine Anzahl weiterer Länder – und immer noch nicht wirklich europäisch.

Der bekannteste (nahezu) paneuropäische Sender ist Euronews. Er ging am 1. Januar 1993 mit einem Nachrichtenprogramm in fünf europäischen Sprachen (Deutsch, Englisch, Französisch, Italienisch und Spanisch) an den Start. Heute sendet er bereits in zwölf Sprachen. Gegründet wurde der Sender von zehn europäischen Rundfunkanstalten. Die ARD war anfangs auch interessiert, stieg dann aber in letzter Minute noch aus. Statt München wurde Lyon der Hauptsitz des Unternehmens. Bis heute ist Deutschland nicht an dem Sender beteiligt, auch wenn die Verantwortlichen von Euronews regelmäßig bei ARD und ZDF anklopfen. Euronews wollte immer ein Sender vom Kaliber eines nationalen und internationalen Massenmediums werden, die Gründer sprachen von nichts weniger als einem »europäischen CNN«. Diesen Ansprüchen wurde Euronews nicht ansatzweise gerecht, vielmehr ist die noch junge Geschichte des Senders ähnlich krisengekennzeichnet wie jene der gesamten EU: Schon siebenmal haben sich die Besitzverhältnisse geändert. 2015 geriet das Unterfangen derart in finanzielle Not, der Verlust betrug in diesem Jahr 7,7 Millionen Euro, dass man der Übernahme durch den ägyptischen Milliardär Naguib Sawiris zustimmen musste. 2017 folgte noch der Einstieg des amerikanischen Senders NBC, der heute 24 Prozent der Anteile am Sender hält. Nur noch 15 Prozent sind in der Hand von europäischen

Rundfunkanstalten, die das Projekt fünfzehn Jahre zuvor mit großen Hoffnungen aufgegleist hatten. Mit dem Strategieplan »Euronews Next« unternimmt der Sender einen neuen Versuch, ein attraktiveres Programm zu entwickeln. 2017 waren davon erste Veränderungen sichtbar: Seitdem sendet Euronews nicht mehr nur ein Bild simultan in 13 Sprachen, sondern bietet für zwölf Länder individuelle Programme in deren Sprachen an. Gleichzeitig wurden »news anchor« für die Nachrichtensendungen einiger Sprachkanäle eingesetzt sowie Talkshows und Morgenmagazine eingeführt. Selbst wenn die Qualität des Programms zunimmt, ein großes Problem bleibt: Das Image des Senders ist – freundlich gesagt – nicht sonderlich positiv. Die Marke Euronews wird mit Hotellobbys und Airline-Programmen verbunden. Ein Sender der Businesselite. Zudem gab es in der Vergangenheit Skandale über »gesponserte Inhalte« im Programm. Ende 2016 streikten die eigenen Mitarbeitenden, weil sie es für unvereinbar mit den Werten des Senders hielten, dass dieser für Diktatoren in Saudi-Arabien und Usbekistan gegen Geld Programme produzierte. Vor allem spricht gegen den Sender aber, dass er in einer tiefen Reichweitenkrise steckt. Mit anderen Worten: Kaum jemand schaut Euronews. In Europa sind die Zuschauerzahlen über die Jahre drastisch gesunken. 2008 ließ der Sender verlauten, dass 7 Millionen Europäerinnen und Europäer täglich bei ihnen einschalten würden. 2013 waren es noch 5 Millionen und 2017 gar nur noch 3,3 Millionen. Ein jämmerlicher Wert im Vergleich zu den 10 Millionen der Tagesschau. Schlimmer noch, machten bei Euronews die Europäerinnen und Europäer gerade mal 16,5 Prozent des globalen Gesamtpublikums aus. Das formulierte Ziel »eines wirklichen öffentlichen europäischen Raumes« wird somit weit verfehlt. Eher ist Euronews ein europäischer Auslandssender, als dass es mit nationalen Sendern in Europa auch nur Ansatzweise konkurrieren könnte.

Trotz dieser Misserfolgsgeschichte ist die Europäische Kommission ein treuer Finanzier von Euronews. Seit der Gründung hat die EU-Kommission über 240 Millionen Euro in den Sender investiert, derzeit rangiert die jährliche Subvention bei rund 25 Millionen Euro. Das EU-Sponsoring wirft unvermeidlich Fragen der Unabhängigkeit auf: Kann ein Sender, der ohne die Zuwendungen der EU-Kommission nicht überlebensfähig wäre, objektiv über die Politik der EU berichten? Vermutlich nicht. Allein dass die EU-Gelder insofern zweckgebunden sind, dass sich Euronews auf eine bestimmte Sendedauer über EU-Politik verpflichtet, schränkt die Autonomie des Senders ein. So ist in dem Vertrag mit der EU definiert, dass im Jahr 12 Stunden Live-Übertragungen von wichtigen Ereignissen der EU-Institutionen ausgestrahlt werden. Dem deutschen Rundfunkstaatsvertrag sind solche Bedingungen, also etwa eine Mindestzeit an Live-Übertragungen von Regierungserklärungen oder Bundestagsdebatten, völlig fremd. Obwohl ganz offensichtlich so viel gegen Euronews spricht, hält die EU-Kommission an dem Sender fest. Bis 2021 ist die Finanzierung durch die EU zugesichert. Jean-Claude Juncker outete sich mehrmals als Fan des Senders. Ende 2016 ließ Günther Oettinger als zuständiger EU-Kommissar durchblicken, dass er Euronews gar als EU-Instrument verstehe: »Euronews ist die größte Initiative der EU Multimedia Maßnahmen, die das Ziel verfolgen, die Berichterstattung über EU Politik von einem gesamteuropäischen Blickwinkel zu stärken.«[36]

Es gibt eine Reihe anderer Initiativen, die von der EU-Kommission in der Vergangenheit gefördert wurden oder es heute noch werden, wie das europäische Radionetzwerk Euranet Plus. Für eine europäische Öffentlichkeit taugen sie allesamt nicht. Auch zu einem »höheren Grad an Medienpluralismus«, was sich Oettinger von solchen Projekten in Hinblick auf die nationalen Scheuklappen nationaler Medien verspricht, reicht es nicht. Diese Medien finden im Bewusstsein der Europäerinnen und Europäer schlichtweg nicht statt. Und wenn, dann erreichen sie nur diejenigen, die sowieso schon europäisch denken. Ein Fall von *preaching to the choir.*

Was sich aus diesen gescheiterten Versuchen lernen lässt: Es gibt keine Öffentlichkeit für Europa, wie wir sie von der Nation kennen. Modell eins, eine europäische Öffentlichkeit nach dem Vorbild der traditionellen nationalen Öffentlichkeit aufzubauen, kann man vergessen. Die klassischen Medienmärkte sind gesättigt, ein Nachrichtenprogramm allein weder massentauglich noch ausreichend und die Mediennutzung heutzutage im Umbruch. Blicken wir also auf das zweite Modell, das eingangs ebenfalls erwähnt wurde: die Europäisierung nationaler Öffentlichkeiten. In der wissenschaftlichen Auseinandersetzung ist dieses Modell zum Hoffnungsträger für eine europäische Öffentlichkeit avanciert. Denn dafür braucht es keinen europäischen Fernsehsender, keine europäische Zeitung und keinen europäischen Radiosender. Das Ziel kann mit den vorhandenen nationalen Medienangeboten erreicht werden. Allerdings muss die Berichterstattung dazu bestimmte Bedingungen erfüllen: Es reicht nicht, dass die Medien in angemessenem Umfang über Europa berichten, sondern sie müssen »europäisch« über EU-Politik berichten. Das hieße zum einen, dass in den Berichten über EU-Politik neben nationalen Politikerinnen und Politikern auch Stimmen aus den EU-Institutionen, aber vor allem auch aus den anderen Mitgliedsländern Normalität sind. Und da reicht es nicht, wenn deutsche Medien gerne französische Regierungschefs zeigen und andersrum. Zum anderen müssten Medien parallel zu einer nationalen Sicht auch ein europäisches Interesse im Blick haben. Das Framing von der innereuropäischen »Fremdheit« hat darin keinen Platz mehr, es muss die Perspektive eines europäischen »Wir« geben. Ziel wäre es, europäische Politik im Rahmen der nationalen Öffentlichkeit zu legitimieren. Inwiefern das durch nationale Medien tatsächlich gelingt, soll im Folgenden anhand der Quantität und Qualität der EU-Berichterstattung in den Mitgliedsstaaten vermessen werden.

NATIONEN IN FILTERBLASEN

Für das deutsche Fernsehpublikum war ein Mann über Jahrzehnte hinweg der »Europaerklärer«: Rolf-Dieter Krause, von 2001 bis 2016 Studioleiter der ARD in Brüssel. Das Halstuch, das meist seinen Hals zierte, weich und seiden – seine Analysen der EU-Politik oft scharf und unverblümt. Nach seiner Pensionierung sagte er zum quantitativen Wandel der Berichterstattung über die EU: »Was in den 1990er Jahren noch undenkbar gewesen wäre – in einer Ausgabe der 20-Uhr-Tagesschau zwei Brüsseler Themen oder sogar drei – das hat es längst gegeben.«[37] Die Zunahme der Berichterstattung über Europa, die Krause für die ARD beschreibt, ist ein gesamteuropäischer Trend: Alle länderübergreifenden Studien verzeichnen proportional zum Fortschreiten der Dauer der EU-Mitgliedschaft eines Landes eine Zunahme an Medienberichten über Europapolitik und die EU-Institutionen. In einer aufwendigen Untersuchung von Zeitungsartikeln aus sechs EU-Staaten seit 1982 wies ein Forscherteam um den Medienwissenschaftler Andreas Hepp nach, dass sich der Anteil der Berichte über die EU-Institutionen über die Jahre mehr als verdoppelt hat. Allerdings gibt es immer noch sehr große Unterschiede zwischen den Mitgliedsstaaten. In Deutschland und den Niederlanden etwa wird deutlich mehr über EU-Politik geschrieben und gesendet als in Portugal oder Kroatien. Unterschiede im Umfang der Berichterstattung mögen einleuchten und zu rechtfertigen sein, wenn einzelne Länder stärker im Fokus einzelner Debatten standen, wie während der Eurokrise oder der Migrationsdebatte. Unabhängiger von solchen Themenzyklen und daher geeigneter für diesen Vergleich ist die Berichterstattung zu Europawahlen, wenn die Bürgerinnen und Bürger aller Länder an die Urnen gerufen werden. Doch auch hier zeigen sich gravierende Differenzen: Die Spannbreite des Anteils der EU-Wahlen in den TV-Nachrichten in den Wochen vor dem Wahltag lag in der Vergangenheit zwischen 57,1 Prozent in Griechenland und 8,5 Prozent in Belgien. Gleiches gilt für die Vorwahl-Berichterstattung auf den Titelblättern der Printmedien: In Malta lag der Anteil bei 42,3 Prozent, während in Portugal die Wahlen nur 2,9 Prozent der Berichte auf den Titelseiten ausmachte.[38]

Diese ungleiche Informierung von Bürgerinnen und Bürgern ist besonders unglücklich in Hinblick auf die Europawahlen 2014.

Damals wurden europaweiten Spitzenkandidaten für das Amt des EU-Kommissionspräsidenten eingeführt und damit der Einfluss der Wählerinnen und Wähler auf die Besetzung des Chefpostens der EU-Kommission gestärkt. Aufgrund der unterschiedlich intensiven Medienberichterstattung erreichte das sogenannte »Spitzenkandidaten-Verfahren« unterschiedlich starke Bekanntheit in den einzelnen EU-Ländern. Das ist aus demokratischer Sicht sehr bedenklich, weil die Neuerung tatsächlich ein Plus an Mitbestimmung für die Bürgerinnen und Bürger bedeutete, von dem sie je nach Europäisierungsgrad ihrer Medien bessere oder schlechte Chancen hatte, zu erfahren. Eine Umfrage zu den Europawahlen 2019 zeigt, dass das Wissen um die Spitzenkandidaten tatsächlich einen Einfluss auf die Wahlbeteiligung haben kann: 49 Prozent der befragten Europäerinnen und Europäer sagen, dass sich ihre Motivation für die Abgabe ihrer Stimme durch das Spitzenkandidaten-Verfahren erhöht. Flächendeckend kann sich dieser Mobilisierungseffekt allerdings nur dann entfalten, wenn Medien in allen Ländern den EU-Kandidaten ein Mindestmaß an Aufmerksamkeit schenken und sich nicht nur auf die nationalen Figuren konzentrieren.

Trotz der unterschiedlichen Intensität zwischen den Mitgliedsländern lässt sich also ein Mindestmaß an Berichterstattung über die EU feststellen. Dieser vielfach bestätigte Befund deutet auf eine Europäisierung nationaler Öffentlichkeiten hin. Und er deckt sich ja mit der tagtäglichen Erfahrung: Geflüchtete in Italien, Brexit im Vereinigten Königreich, Steuervermeidung auf Malta, Justizreform in Polen oder EU-Masterpläne von Macron – die Nachrichten sind voll mit europäischen Themen – einerseits. Andererseits sagt der Blick allein auf Sendeminuten und Artikelzeilen noch nichts über die europäische Qualität der Medienberichte aus. Die Europäisierung der nationalen Öffentlichkeit muss sich sowohl quantitativ als auch qualitativ beweisen. Die Analyse der Krisenberichte aus dem ersten Kapitel erweckt den Eindruck, dass ein »Mehr« an Berichterstattung gar zu einem »Weniger« an Legitimität für die EU führen kann. Wenn ein von Europa entkoppeltes nationales Interesse als alleiniger Bewertungsmaßstab herangezogen, stereotyp über andere Länder geschrieben und die vermittelnde Rolle der EU-Institutionen negiert wird, dann kann dem Nationalismus Vorschub geleistet und eine gemeinsame europäische Politik delegitimiert werden. Es stellt sich die Frage: Ist das ein systematisches Problem der nationalen Berichterstattung oder nur ein sporadisches (und vielleicht sogar verständliches) Phänomen der Krisenberichte? Dazu lohnt ein zweiter Blick in die bereits zitierte Studie des Medienwissenschaftlers Hepp. Dort wurden auch die qualitativen Veränderungen der EU-Berichterstattung seit den 1980er-Jahren untersucht. Gemessen haben die Forscher unter anderem, inwieweit Stellungnahmen von Politikern anderer EU-Länder in den Medien vorkommen, also eine Perspektive über den nationalen Tellerrand hinweg angeboten wird. Die Studie resümiert: »[F]ür diesen Indikator können wir keine Europäisierung der untersuchten Öffentlichkeiten feststellen, der Anteil der Sprecher aus dem europäischen Ausland schwankt um die 12 Prozent«. Für den Beginn der Eurokrise machen die Forscher sogar »eine leichte Re-Nationalisierung der Debatten« aus. Der Anteil nationaler Sprecher liegt 2008 bei 72 Prozent, neun Prozent höher als zu Beginn der 1980er-Jahre. Das heißt: Die nationalen Medien sprechen zwar über Europa, aber nicht mit Europa. Es wächst die Aufmerksamkeit für EU-Politik, aber nicht für die europäischen Partner. Ganz zu schweigen von den wenigen Stimmen von Bürgerinnen und Bürgern aus anderen EU-Ländern, die in den Medienberichten verschwindend selten vorkommen.[39] Das soll nicht heißen, dass es solche Formate nicht gibt: Sonntagmittags läuft in der ARD das Europa-Magazin, donnerstagabends bei ORF III Inside Brüssel. Es gibt sie, aber weitgehend unter der relevanten Aufmerksamkeitsschwelle. Nicht vergleichbar mit Sendeplätzen und Einschaltquoten von Polit-Magazinen wie Frontal21 oder Talks wie Anne Will.

Sehr lehrreich sind an der Studie auch die Befunde über die sprachliche Konstruktion von nationalen und europäischen Identitäten, das heißt, inwiefern sich kommentierende Berichte auf ein nationales oder europäisches »Wir« beziehen. Seit 1982 verharren die Nennung des Kollektivs »die Europäer« (in ca. 5 Prozent der Artikel) sowie die aktivere Form der Identifikation »Wir Europäer« (2 Prozent) auf sehr geringem Niveau. Man muss also noch ergänzen: Die Bürgerinnen und Bürger erhalten zwar mehr und mehr Informationen über die EU und deren Institutionen, dies geschieht aber nicht in einer Teilnehmerperspektive, sondern in einem konstruierten Gegensatz zwischen ›nationalem Wir‹ und ›denen in Brüssel‹. Die EU-Institutionen beeinflussen zwar in großem Maße unser Leben, werden aber nicht als Teil von uns dargestellt. Genau das ist auch die Perspektive des Populismus. Weil sie nicht zu »Uns« gehören, kann sie der Populismus problemlos zum Feind erklären. Weil die EU-Institutionen in der nationalen Öffentlichkeit kaum eine Stimme bekommen, können sie sich nicht erklären. Es fehlt an einem europäischen Gegengewicht im nationalen Diskurs.

Zum Status der Europäisierung der nationalen Öffentlichkeiten lässt sich also vereinfacht sagen: Die Medien machen Nachrichten für die Nation. Statt eine europäische Perspektive auf europäische Angelegenheiten einnehmen zu können, befinden sich die EU-Bürgerinnen und Bürger in nationalen Filterblasen. Auch wenn es digitale Zugänge zu Nachrichten aus allen Teilen der EU gibt, entscheiden wir uns für die (digitalen oder analogen) Informationsangebote der nationalen Leitmedien. Ich spreche ausdrücklich von einer nationalen, nicht einer digitalen Filterblase. Denn die Theorie von der digitalen Filterblase wird bis heute mehr von Empfinden als von Empirie getragen. An belastbaren Beweisen dafür, dass wir uns in der algorithmischen Öffentlichkeit einseitiger informieren, mangelt es bislang. Gar im Widerspruch zur populären Filterblasen-These weisen verschiedene Studien darauf hin, dass soziale Netzwerke zur Diversifizierung der Informationsquellen des Einzelnen beitragen können.[40] Die Parallelöffentlichkeiten, die in Europa vorliegen, definieren sich in erster Linie durch nationale Einseitigkeit, weniger durch weltanschauliche Eindimensionalität. Dabei machen uns die dicken Wände der nationalen Filterblase oftmals für die Perspektive anderer Gemeinschaftsmitglieder auf die gemeinsamen Themen blind. Im Ergebnis reden Europäerinnen und Europäer zwar über Europa und übereinander, aber nicht miteinander über Europa. All das sind perfekte Umweltbildungen für Populismus und Nationalismus: Wir reden in einem streng nationalem »Wir«, dem wir die Institutionen in Brüssel und den Rest Europas als die »Anderen« entgegensetzen. Das lässt Stereotypen freien Lauf und verfestigt gleichzeitig ein nationales Ideal von der supranationalen Gemeinschaft. Ein Diskurs, der kein europäisches »Wir« zulässt, verschafft jenen einen strukturellen Vorteil, die das nationale »Wir« religiös beschwören. Er verfestigt das Primat der nationalen Souveränität und versperrt ein Denken in den Kategorien einer europäischen Souveränität.

Viele Studien zur Berichterstattung über europäische Politik haben einen Pferdefuß: Sie untersuchen in den meisten Fällen Medienberichte über EU-Gipfel. Das ist anhand der politischen Macht des Rats der EU nachvollziehbar. Ein »Kampf der Nationen« ist in der institutionellen Konfiguration des Rats in gewisser Weise inhärent, ein Denken in nationalen Interessen bei der Zusammenkunft der Repräsentanten national legitimierter Regierungen nicht völlig unbegründet, ein nationaler Fokus der Medien also ein Stückweit logisch. Für eine wahrhaftig europäische Perspektive in der Berichterstattung bietet das Europaparlament bessere Voraussetzungen. Schließlich sind die EU-Abgeordneten nicht einem nationalen, sondern dem europäischen Gemeinwohl verpflichtet. Die Berichterstattung über das Europäische Parlament ist aber insgesamt noch in einem embryonalen Stadium. Trotz der Zunahme an Medienberichten über EU-Politik insgesamt profitiert das Parlament gemessen an der Fülle seiner Debatten und Entscheidungen davon nur unterproportional. Dabei läge in der öffentlichen Spiegelung der Prozesse im Europaparlament eine besonders große Chance für die

Stärkung der europäischen Demokratie. Warum das so ist und ob es nicht immerhin bei der Berichterstattung über das EU-Parlament eine Europäisierung nationaler Öffentlichkeiten gibt, soll nun etwas näher betrachtet werden.

PARLAMENTARISMUS ALS ERGEBNIS STATT ALS PROZESS

Das Europäische Parlament hat im Machtgefüge der EU-Institutionen die steilste Karriere hingelegt. Fast mit jeder Revision der EU-Verträge gewann das Parlament an Einfluss. Insbesondere der Vertrag von Lissabon aus dem Jahre 2009 gab der Kammer nochmal einen kräftigen Machtschub. Heute ist das EU-Parlament in vielen Politikfeldern der EU-Kommission und dem Rat gleichgestellt, entscheidet unter anderem in der Justizpolitik und über den EU-Haushalt mit. An der Zustimmung der einzig direkt gewählten EU-Institution geht nun nicht mehr viel vorbei. Die stetige Aufwertung des Parlaments war immer auch als Abbau des »Demokratiedefizits« der Europäischen Union gedacht, jenem Mangel an Beteiligung von Parlamenten (europäisch sowie national) und Bürgerinnen und Bürgern, der stets auf den Vorwurf der unzureichenden Legitimation europäischer Politik einzahlt. Auch wenn das EU-Parlament in Bereichen wie der Außenpolitik der Kommission und dem Rat noch nicht ebenbürtig ist, wurden mit dem Lissabon-Vertrag die Voraussetzungen geschaffen, um europäische Politik demokratischer, transparenter und auch »politisierter« zu machen. Denn politisierte Konflikte, etwa im Sinne von Links-Rechts-Lagern, sind eben kein Merkmal der Entscheidungen im Europäischen Rat. Gerade bei EU-Gipfeln geht es nicht um links gegen rechts oder progressiv gegen konservativ, sondern um Deutschland gegen Griechenland, Spanien gegen Italien oder Polen gegen Frankreich. Die Konfliktlinien definieren sich nicht anhand ideologischer, sondern nationaler Lager. Mehr noch: Die meisten Entscheidungen müssen per Einstimmigkeit gefasst werden. Das hat zur Folge, dass nach dem kleinsten gemeinsamen Nenner aller Länder statt dem größtmöglichen Erfolg einer Koalition von Regierungen gesucht wird. Die mangelnde Politisierung bei akzentuierter Nationalisierung der EU-Politik ist daher auch ein bedeutender Grund für die Abwesenheit eines Wettstreits um das europäische Interesse. Den meisten Menschen dürfte unklar sein, was die Europäische Sozialdemokratie oder Christdemokratie länderübergreifend unter einem europäischen Gemeinwohl versteht und wie sie vorschlagen, ein solches zu erreichen. Wir kennen die Interessen von Land A und B, aber nicht von Lager A und B, weil diese von einem nationalen Imperativ europäischer Politik in den Schatten gestellt werden.

Im Gegensatz zum Rat ist das Europäische Parlament supranational angelegt. Der einzelne EU-Abgeordnete wird zwar mangels transnationaler Wahllisten nur in seinem Land gewählt, soll mit Eintritt ins Parlament aber die Interessen aller Europäerinnen und Europäer vertreten. Im Plenum sitzen die Abgeordneten ebenfalls in länderübergreifenden Fraktionen: Europäische Christdemokraten, Europäische Sozialdemokraten, Europäische Liberale, Linke, Grüne, Rechtspopulisten und so weiter. Nun sind Sozialdemokraten aus Dänemark nicht gleich Sozialdemokraten aus Rumänien, sodass die Fraktionen mitunter deutlich uneinheitlicher abstimmen als es in nationalen Parlamenten der Fall ist. Außerdem wird auch die Politisierung der Fraktionen des Parlaments immer noch von einer gewissen Nationalisierung flankiert. Denn innerhalb einer Fraktion sind Abgeordnete aus dem gleichen Land meist noch in nationale Delegationen mit eigener kleiner Verwaltungseinheit organisiert – etwa die »SPD in Europa« oder die »Europe Ecologie« (französische Grüne). Das mag zwar die Kommunikation zur nationalen Öffentlichkeit erleichtern, geht aber auf Kosten der »Marke« der europäischen Fraktion. So werden die wenigsten wissen, dass die Fraktion, in der Die Linke aus Deutschland sitzt, GUE/NGL heißt (»Konföderale Fraktion der Vereinten Europäischen Linken/Nordische Grüne Linke«). Dennoch: Das Europäische Parlament arbeitet im besten Sinne paneuropäisch. Gerade in der zweiten Hälfte der Legislaturperiode 2014–2019, nachdem die Große Koalition zwischen Sozial- und Christdemokraten aufgekündigt war, schlug sich das in wechselnden Mehrheiten entlang inhaltlicher Präferenzen zu einzelnen Themen nieder: Die größte Fraktion, die christdemokratische EVP, setzte im Februar 2018 gemeinsam mit Linken durch, dass die Wahllisten zu den Europawahlen 2019 national bleiben, statt auch transnationale Kandidaten zuzulassen. Ein halbes Jahr später scheiterte die EVP in einer Koalition mit Liberalen und Rechtspopulisten beim Versuch, strengere CO2-Grenzwerte für Neuwagen zu verhindern. Um diese Entscheidungen wurde im Parlament zwischen den Fraktionen kontrovers gestritten, in den Debatten im Plenum wie auch in den Ausschüssen. All diese Debatten werden per Livestream auf der Webseite des Parlaments übertragen – ein Service, den zumindest der Bundestag in diesem Umfang nicht anbietet. Doch auf der großen medialen Bühne werden diese europäischen Kontroversen kaum abgebildet. Zwar hat auch die Aufmerksamkeit für das EU-Parlament zugenommen, aber berichtet wird oftmals erst, wenn eine Entscheidung bereits gefallen ist. Die Schlagzeilen lauten dann »Europäisches Parlament beschließt …« oder »Mehrheit des EU-Parlaments für …«. Nur in seltenen Fällen wird darüber berichtet, wie die einzelnen Fraktionen abgestimmt haben. So gut wie nie wird in den Tagen und Wochen vor der Entscheidung über die inhaltliche Auseinandersetzung zu einem Thema berichtet, wie es sinnvollerweise auf der nationalen Ebene üblich ist. In der Medienrealität ist der europäische Parlamentarismus Ergebnis, nicht Prozess. Es wird exakt das ausgeblendet, was die Demokratie ausmacht: Der Wettbewerb der Argumente, der Wettstreit unterschiedlicher Positionen, Lager A gegen Lager B. Damit erfüllt die mediale Öffentlichkeit eben nicht, was ihre Rolle in der Demokratie ist: Eine Meinungs- und Willensbildung der Bürgerinnen und Bürger zu ermöglichen.

Nun könnte man einwenden, dass es im EU-Parlament, anders als in nationalen Volksvertretungen, keine Aufteilung in Regierung und Opposition gibt. Es gibt daher keinen systematischen

Streit zwischen einer Mehrheit und einer Minderheit, sondern Allianzen bilden sich je nach Sachfrage heraus. Das hat zur Folge, dass die Fraktionen rücksichtsvoller miteinander umgehen. Aus dem Gegner bei der einen Abstimmung kann schon bei der nächsten ein Partner werden. Und das innerhalb von Minuten – wer die Abstimmungsmarathons in Straßburg kennt, weiß, wovon die Rede ist. Dazu kommt noch, dass das Parlament über Gesetze nicht alleine entscheidet, sondern stets zusammen mit der EU-Kommission und dem Rat. In diesem »Trilog-Verfahren« hat das Parlament nur dann eine starke Verhandlungsposition, wenn seine Vertreterin oder sein Vertreter eine große Parlamentsmehrheit im Rücken hat. Aus diesen Gründen geht es im Straßburger Plenum meist »netter« zu als in anderen Parlamenten. Trotzdem: Die Debatten bieten regelmäßig auch das, was ein Thema medial verwertbar macht. Konflikt, Relevanz und Bürgernähe. Zum Beispiel bei den Kontroversen um ein Rechtsstaatsverfahren gegen Ungarn, neue Abgasnormen für Dieselfahrzeuge oder Upload-Filter für Digitalplattformen. Außerdem gelangen dem EU-Parlament mit der Anhörung von Mark Zuckerberg zum Datenskandal bei Facebook oder von Jean-Claude Juncker zum LuxLeaks-Steuerskandal durchaus dramatische Momente. Doch statt diese Debatten angemessen medial zu belichten, witterten viele Journalisten in der achten Legislaturperiode (2014 bis 2019) das wahre Spektakel an anderer Stelle. So schrieben John Llyod von der Financial Times und Cristina Marconi, frei Journalistin für italienische Medien, in Hinblick auf den 2014er Wahlerfolg rechtspopulistischer Parteien:

»Zum ersten Mal hat das Europäische Parlament das Potenzial für echtes Drama und eine echte Debatte über das fundamentalste Thema von allen: das Recht der EU zu existieren.«

Allein, diese warum auch immer »echte« Debatte fand natürlich nicht statt, mal abgesehen von einer Aussprache zum Brexit-Referendum. Denn selbstverständlich stand das eigene Existenzrecht nicht auf der Tagesordnung des Parlaments. Kein Gesetz könnte es aufheben. Aber auch sonst waren die rechtspopulistischen Fraktionen nicht in der Lage, ein europaskeptisches Agenda-Setting zu betreiben. Echte Debatten gab es hingegen über echte Themen.

Mit der populistischen Attacke im EU-Parlament blieb aber auch eine verstärkte Aufmerksamkeit für das Parlament aus. Hierfür wird als weiterer Grund gerne angeführt, dass es den EU-Abgeordneten an Bekanntheit fehlt. Und wen würden schon Berichte über irgendwelche Brüsseler »No-Names« interessieren? Es stimmt ja, Europa-Abgeordnete leiden an Unterprominenz. Aber das liegt eben auch daran, dass sie im medialen Schatten versauern. Die Medien müssten selbst dazu beitragen, dass EU-Abgeordnete bekannter werden. Medientaugliche Persönlichkeiten gibt es dort allemal, etwa den belgischen Liberalen Guy Verhofstadt, dessen agile Plenarreden sich regelmäßig über soziale Netzwerke viral in ganz Europa verbreiten. Medienvertreter argumentieren zudem oftmals, dass die Sachfragen der Parlamentsdebatten inhaltlich zu komplex für das Publikum seien. Womit sich die Parlamentarier beschäftigen, sei langweilig und kompliziert. Luigi Ippolito, der Korrespondent der spanischen Zeitung Corriere della Sera meint:

»Das Hauptproblem mit Brüssel ist, dass es eine langweilige Story ist. Wie soll man sich für die Wirtschaft begeistern, diese traurige Wissenschaft. Weil die Institutionen so langweilig sind, wird kaum über sie berichtet.«[41]

Doch auch hier beißt sich die Katze selbst in den Schwanz: Zum einen sind es die Medien, die hauptsächlich ökonomische EU-Themen auswählen, obwohl gerade das Europaparlament die ganze Bandbreite der Politikfelder verhandelt. Zum anderen wird durch die Entscheidung der Medien, über viele europäische Themen nicht zu berichten, das Gefühl von Distanz und Intransparenz der EU-Institutionen bei den Bürgerinnen und Bürgern nur noch größer. Dabei wollen diese gerade eine inhaltliche Debatte über europäische Themen. Das hat zuletzt eine Umfrage im Vorfeld der Europawahlen 2019 ergeben. Dabei meinten 70 Prozent der Befragten, dass sie sich eine europäische Debatte über spezifische EU-Themen wünschen. Ja, manche Themen der EU-Politik mögen komplex sein (etwa die Zulassung von Neonikotinoiden), aber die Entkomplexisierung ist Kernaufgabe des Journalismus. Gewiss: Eine erklärende Berichterstattung erfordert Ressourcen, um zu komplizierten Sachverhalten ausführlich recherchieren und anschließend Materialien verständlich aufbereiten zu können. Und an dieser Stelle offenbart sich beim Brüsseler Pressekorps eine große Lücke: Es sind zu wenig Journalistinnen und Journalisten vor Ort. Dieses Defizit ist ein weiterer bedeutsamer Grund dafür, dass die Berichterstattung über EU-Politik oftmals nicht die Anforderungen einer europäischen Öffentlichkeit erfüllen kann.

DER HALBE KORRESPONDENT

Die Anzahl der internationalen Korrespondenten in Brüssel ist nicht einfach nur eine Nummer, sie ist ein Politikum. Manche setzen diese Zahl mit der Bedeutung der EU gleich. Gerne wird in Brüssel behauptet, die Stadt beherberge weltweit die meisten internationalen Korrespondenten. Das ist plumpe Propaganda, haben doch Washington D.C. und London mit jeweils fast 2.000 akkreditierten Korrespondenten etwa doppelt so viele Medienvertreter wie die EU-Hauptstadt. Interessant ist in jedem Fall, wie sich die Größe des Pressekorps über die Jahre entwickelt hat. Auf Nachfrage rückt die EU-Kommission die Zahlen raus: Bis 2015 stieg die Menge der Reporterinnen und Reporter kontinuierlich, in dem Jahr erreichte sie mit 955 einen Peak. Seitdem geht es bergab. Im Herbst 2018 waren es nur noch 806, Foto- und Kameraleute jeweils ausgenommen. Dass die mediale Aufmerksamkeit für die EU flächendeckend zunimmt, die Anzahl der Korrespondenten aber gleichzeitig schrumpft, verheißt nichts Gutes für die Qualität der Berichterstattung. In vielen Fällen müssen Solo-Korrespondenten das Geschäft stemmen. 46 Prozent des Pressekorps ist in Brüssel auf sich allein gestellt, diese Korrespondenten arbeiten ohne journalistische Unterstützung, von technischem Hilfspersonal einmal abgesehen. Das hat Konsequenzen für die Qualität der Berichterstattung: Wer ohne Team arbeitet, wird mit dem Tagesgeschäft von Pressekonferenzen, Interviews und Hintergrundgesprächen derart eingespannt sein, dass tiefgründige Recherchen kaum möglich sind. Schaut man sich die Sozialstruktur der Medienvertreter etwas genauer an, dann stellt man fest, welche Länder von dem Rückgang der Korrespondenten betroffen sind: Zwischen 2015 und 2018 hat die Anzahl der Medienvertreter aus Frankreich (von 94 auf 81), Spanien (69 auf 59) und Italien (68 auf 56) besonders stark abgenommen. Notorisch niedrig sind sie für Kroatien (6), Rumänien (5), Tschechien (4), Slowakei (3), Litauen (3) und Zypern (1). An der Spitze der Rangliste, Belgien läuft als »Gastgeber« außer Konkurrenz, steht Deutschland mit 93 Korrespondenten. Nun verwundert es erst einmal nicht, dass das größte Land der EU auch die meisten Reporterinnen und Reporter stellt. Bemerkenswerter sind da schon eher die signifikanten Kapazitätsunterschiede unter den deutschen Medien: Über die Hälfte des deutschen Medienpersonals in Brüssel arbeitet für die Öffentlich-rechtlichen, das heißt ARD, ZDF, Deutsche Welle und Deutschlandradio. Ganz anders sieht es im Printbereich und bei privaten TV-Sendern aus: Die größten deutschen Zeitungen und Magazine, Süddeutsche Zeitung, FAZ, WELT, SPIEGEL, Handelsblatt, haben zwischen zwei, in wenigen Fällen drei Korrespondenten. RTL und Die ZEIT begnügen sich gar mit nur einem Journalisten in Brüssel. Bei ihnen wird die EU-Hauptstadt personell genauso behandelt wie jede andere Hauptstadt. Und zum Vergleich: In Berlin arbeiten für Die ZEIT, deren Hauptredaktion in Hamburg ist, stolze 13 Korrespondenten.

In besonderem Maße beschränkt arbeitsfähig ist jedoch Deutschlands größte Zeitung: die BILD-Zeitung. Sie hat mit Dirk Hoeren zwar einen EU-Korrespondenten, der macht dies aber nur nebenbei, weil er gleichzeitig auch noch für Innenpolitik in Berlin zuständig ist. Hoeren pendelt zwischen Brüssel und Berlin. Die Prioritäten sind zwischen den beiden Städten offenbar klar gesetzt: Nimmt man als Stichprobe alle Artikel, die Hoeren in den zwölf Monaten zwischen August 2017 und August 2018 in der Print- oder Digitalausgabe der BILD veröffentlicht hat, handeln gerade einmal 50 von 208 Artikeln von europäischer Politik. Der Rest ist klassische Innenpolitik. Die größte Zeitung Deutschlands hat also gerade einmal einen halben Korrespondenten in Brüssel. Das war zur Hochzeit der griechischen Schuldenkrise nicht anders, trotzdem trompetete die BILD am lautesten gegen die Finanzhilfen für die »faulen Pleiten-Griechen«. Abgesehen von den Stereotypen in Artikeln über andere Länder der europäischen Gemeinschaft, stimmen bei der BILD-Zeitung auch regelmäßig die Fakten in der EU-Berichterstattung nicht. Am 29. November 2017 schrieb sie in ihren traditionellen Großbuchstaben: »Wegen Sozialisten und Grünen im EU-Parlament: Dem Döner droht das Aus!«. Eine Meldung, die perfekt in das Narrativ von einer EU passt, die mit überbordenden Regulierungen und Verboten den Bürgerinnen und Bürgern jeden Spaß am Leben nehmen will. EU-Elite gegen Bürger. Nun also auch noch der geliebte Döner! Die BILD legte ein Tag später gleich mit einer Kampagne nach: »Verbot verhindern: Rettet den Döner!« Das Blatt sprach pauschal von »der EU«, die diesen ungeheuerlichen Plan ausbrüten würde. Doch niemand wollte den Döner verbieten. Es ging nur um den Zusatzstoff Phosphat. Dieser darf laut EU-Richtlinie bereits seit 2008 nicht in »vertikal rotierenden Fleischspießen« verwendet werden, woran sich eine Menge Dönerläden in Europa allerdings nicht halten. Die EU-Kommission wollte dieses Verhalten nun sogar legalisieren, Phosphat als Zusatzstoff zulassen und somit den Dönerbuden das Leben eben gerade leichter machen. Dem musste das EU-Parlament zustimmen. Doch weil eine Einschätzung von der Europäischen Gesundheitsbehörde über Phosphat zu dem Zeitpunkt noch nicht vorlag, wollten Sozialdemokraten und Grüne die Sache vorerst nicht absegnen, sondern die Expertenmeinung abwarten. So oder so hängt das Schicksal des rotierenden Fleisches gar nicht vom Phosphat ab. Dafür gibt es alternative Zusatzstoffe.

Das gab sogar der von der BILD-Zeitung zitierte »Döner-König« zu – ein Berliner Fleischproduzent, der es wissen muss. Die oberflächliche Recherche und krachenden Widersprüche in der eigenen Berichterstattung hielt die BILD aber nicht davon ab, reflexartig gegen die gesamte EU zu schießen. Und andere Medien machen sofort mit. Der Berliner Kurier verbreitete die Nachricht ungeprüft weiter und titelte »Die Döner-Spießer in der EU«. Er gab sogar noch etwas Schärfe hinzu: »Ab Ende 2018 droht ein Verbot. 110.000 Arbeitsplätze sind bedroht.« Nichts von dem ist wahr. Und in der Abstimmung über eine Vertagung der Entscheidung fanden Grüne und Sozialdemokraten keine Mehrheit.

Mit falschen journalistischen Ferndiagnosen arbeiteten auch jahrelang die britischen Boulevardblätter. David Cameron hätte wissen können, dass er gegen eine derart EU-ablehnende Presselandschaft kein Referendum gewinnen kann. Schon Jahre vor der Brexit-Abstimmung hatte Tony Blair vor einem Untersuchungsausschuss in Westminister eingestanden, dass er zwar für seine (für britische Verhältnisse) EU-freundliche Politik eine politische Mehrheit, aber keine mediale Mehrheit hatte. Der ehemalige Premierminister sagte in diesem Zusammenhang: »Es ist sehr schwierig, einen politischen Kurs einzuschlagen, wenn dieser Ziel einer intensiven Medienkampagne werden könnte. Ich denke, wenn die Boulevardmedien gegen eine bestimmte Politik, Partei oder Person sind, ist die Sache verloren.«[42] Die EU-Kommission wie auch das EU-Parlament sahen sich vor lauter Gurken- und Käsemythen dazu genötigt, auf den Webseiten ihrer britischen Vertretungen eine Seite aufzusetzen, auf der sie die zahlreichen »Euromythen« der Presse widerlegen. Mittlerweile hat die EU-Kommission über 450 Falschinformationen korrigiert.[43] Allen voran The Daily Express, The Daily Mail und The Sun haben das Erfinden von obskuren EU-Meldungen jahrelang wie einen Sport betrieben. Lügen, die mitunter von der »Leave«-Kampagne zur Brexit-Abstimmung über soziale Medien erneut in Umlauf gebracht wurden: Kindern wolle die EU das Aufblasen von Luftballons verbieten, die Queen müsse sich wegen neuer EU-Arbeitsschutzrichtlinien ihren Tee in Zukunft eigenhändig kochen, in Pubs dürfe dank Brüssel bald kein Dart mehr gespielt werden. Alles Meldungen, die frei erfunden wurden. Von Redaktionen, die genau wie die BILD-Zeitung keine feste Korrespondenten in Brüssel haben. Trotzdem geben sie stets vor, ganz genau zu wissen, was die sogenannten »Eurocrats« vorhaben und wie es um die allgemeine politische Mentalität in Brüssel bestellt ist. Vor dem Brexit-Referendum warben mehrere britische Zeitungen explizit für »Leave«. Die Vorberichterstattung zum Referendum war laut dem Reuters Institute for the Study of Journalism sogar insgesamt deutlich zugunsten des Brexit-Lagers ausgefallen. Die Daily Mail formulierte ihre Empfehlung am Tag vor der Abstimmung auf ihrer Titelseite folgendermaßen:

»Lügen. Gierige Eliten. Oder eine großartige Zukunft außerhalb eines kaputten, sterbenden Europas. Wenn Sie an Großbritannien glauben, wählen Sie ›Leave‹«.

Wenn der Ton auch nicht immer so harsch wie in den britischen Blättern ist, so wies Andreas Hepp in seiner bereits zitierten Studie nach, dass die allermeisten Boulevardblätter in Europa – egal ob der französische Le Parisien, das dänische Ekstra Bladet, der polnische Super Express oder die österreichische Kronen Zeitung – regelrecht gegen die EU anschreiben. Nicht nur verbreiten sie die abwegigsten Mythen über EU-Politik und stricken das Narrativ vom »Bürokratiemonster« unentwegt weiter: Mehr als alle anderen Zeitungen betonen sie das Nationalbewusstsein und untergraben jedwede Identifikation mit der EU. Es verwundert nicht, dass die EU-Skepsis gerade in Bevölkerungsschichten, die verstärkt Boulevardmedien konsumieren, überdurchschnittlich hoch ist. Die populären Boulevardmedien stemmen sich somit am meisten gegen die Europäisierung der nationalen Öffentlichkeiten.

Ziehen wir an dieser Stelle ein kurzes Zwischenfazit: Zwei Ansätze für eine europäische Öffentlichkeit, die in der Theorie als Legitimationsrahmen für EU-Politik fungieren könnten, wurden eingangs skizziert: die europäische Super-Öffentlichkeit und die Europäisierung nationaler Öffentlichkeiten. Beide Wege haben sich als Sackgassen erwiesen. Für eine europäische Öffentlichkeit nach dem Vorbild der nationalen fehlt ein europäisches Massenmedium. Die Europäisierung nationaler Öffentlichkeiten ist in Ansätzen erkennbar, scheitert aber bislang an einem Mangel supranationaler Deutungsmuster der vorhandenen Medien. Zwar nimmt die Berichterstattung über europäische Politik kontinuierlich zu, aber nicht als Beschreibung eines Konflikts zwischen europäischen Akteuren mit unterschiedlichen Positionen in Sachfragen, sondern als Spannungsverhältnis zwischen den Nationen. Die Entscheidungsprozesse des EU-Parlaments werden ausgeblendet, meist auch Stimmen aus anderen EU-Mitgliedsstaaten. Es kommt zwar durchaus vor, dass alle Europäerinnen und Europäer über ihre nationalen Medien zur gleichen Zeit das gleiche europapolitische Thema auf dem Schirm haben, aber es wird ihnen nicht als gemeinsames europäisches Problem vermittelt, sondern als Angelegenheit, in der es für das eigene Land am meisten rauszuholen gilt. Statt die Dualität von nationalem und europäischem Interesse in die Berichterstattung zu integrieren, verharren die Medien in einem Duell zwischen Nation und Europa. In diesem Konkurrenzdenken wird europäische Politik allzu oft delegitimiert, die Öffentlichkeit dann zu einem Delegitimations- statt Legitimationsrahmen für die EU-Institutionen. Auch in Hinblick auf die mediale Konstruktion von kollektiven Identitäten muss man genau genommen von einer *nationalistischen* Europäisierung nationaler Öffentlichkeiten sprechen. In den vermehrt auftretenden Berichten über die EU behandeln die Medien ihr Publikum ausschließlich als nationale Staatsbürgerinnen und Staatsbürger – nicht aber als EU-Bürgerinnen und Bürger, die sie gleichzeitig sind. Damit fördern sie im schlimmsten Fall die mentale Desintegration Europas. Insgesamt scheint zu gelten: Nachrichten brauchen Nationen. Die Europäisierung nationaler Öffentlichkeiten findet bisher nur unzureichend statt. Die europäische Öffentlichkeit muss sich vorerst einen anderen Wirkungsraum suchen.

Es gibt aber noch einen dritten Weg zu einer europäischen Öffentlichkeit: In der jüngeren Vergangenheit sind europäische Nachrichtenangebote entstanden, die einen Kanal jenseits der traditionellen Medienstrukturen gewählt haben. Dieser Weg heißt: *digital first*. Das bisher ambitionierteste Projekt ist POLITICO Europe, der Brüsseler Ableger des renommierten Politikmagazins aus Washington D.C. Anders als Euronews ist POLITICO auf gutem Wege, ein rentables Geschäftsmodell für ein europäisches Medium zu etablieren. Im April 2015 ging POLITICO mit Beteiligung des Axel-Springer-Verlags an den Start. Schon im dritten Jahr arbeiteten über 60 Journalistinnen und Journalisten im Brüsseler »Newsroom«, dazu kommen eine Hand voll Korrespondenten in anderen europäischen Städten. Mit exklusiven Nachrichten, den stolz vermeldeten »Scoops« aus den EU-Institutionen, machte sich das Magazin schnell einen Namen. POLITICOs Kernangebot umfasst eine Webseite, eine Wochenzeitung und mehrere Newsletter. Das sind für das Medium aber noch keine Ertragsquellen. POLITICO hat zusätzlich ein großes Sortiment digitaler Bezahlangebote aufgebaut, mit tiefergehenden und teils exklusiven Analysen zu einzelnen Politikfeldern wie Handel, Landwirtschaft oder Energie. Für den interessierten EU-Bürger sind diese Angebote nicht bezahlbar, kostet das Abo doch im Durchschnitt mindestens 7.000 Euro pro Jahr. Folglich besteht das Publikum dieser Angebote vornehmlich aus Politikerinnen und Politikern, deren Mitarbeitende, Lobbyisten, Experten oder wer auch immer das Geld und den beruflichen Bedarf nach Informationen hat, die den kostenlosen Angeboten vorenthalten werden. Für den Rest bleibt aber immerhin der kostenlose Morgen-Newsletter, in dem der ehemalige WELT-Journalist Florian Eder – mit einer für ganz Europa überstarken Neigung zur deutschen Innenpolitik – eine ausführliche Vorschau auf die Themen des Tages vornimmt. Einst gab es eine englische und deutsche Version dieser »Morgenlage«, Letztere wurde eingestellt, da sich nach zwei Jahren nur 10.000 Abonnenten gefunden hatten. Den englischen Newsletter, das sogenannte »Brussels Playbook«, abonnieren europaweit 85.000 Menschen. Immer noch ein kleiner, interessierter Kreis. Eder sagte einst selbst, dass es ihm um Klasse statt Masse bei seiner Leserschaft gehe: »Wir wollen nicht der Newsletter mit der größten Reichweite sein«.[44] Wen das Unternehmen als Zielgruppe ausgemacht hat? Einflussreiche Akteure und diejenigen, die für sie oder mit ihnen arbeiten. So schreibt POLITICO denn auch ganz selbstbewusst über sich selbst: »Jeden Tag beginnen Hunderttausende aus Europas politischer Elite ihren Tag mit POLITICOs Journalismus.« Mit der Entscheidung, ausschließlich auf Englisch über europäische Politik zu berichten, hat man die Ausrichtung auf Eliten noch verstärkt und sich weiter vom weniger kosmopolitischen Teil der europäischen Bevölkerung entfernt. POLITICO mag sehr nützlich für Brüssel sein und für alle, die beruflich mit EU-Politik zu tun haben – für eine breite europäische Öffentlichkeit ist es weitestgehend nutzlos. Die europäischen Massen erreicht POLITICO allerhöchstens dann, wenn nationale Medien die Stories der Brüsseler Redaktion aufgreifen, dann aber freilich wieder mit nationalem Filter. Konkurrenz machte POLITICO mit dem Launch seiner EU-Berichterstattung in erster Linie Euractiv, ein weiteres digitales Nachrichtenangebot für EU-Politik. Euractiv berichtet immerhin in 12 Sprachen, war in Sachen Aktualität und Aufmachung aber niemals Frontrunner und definiert ebenfalls »EU-Akteure« als das Zielpublikum. Euractiv wird zum Teil vom Europäischen Parlament finanziert, etwa für die Berichterstattung über die Europawahlen 2019.[45] Hier stellen sich also die gleichen Fragen zur Unabhängigkeit wie bei Euronews. Euractiv und POLITICO informieren hauptsächlich eine Elite aus Politik und Wirtschaft. Insofern sich die Geschäftsmodelle dieser Medien rentieren, haben »Spezialmedien« absolut ihre Berechtigung. Doch wenn sich parallel dazu kein europäisches Medienangebot für die breite Masse entwickelt, verschärfen diese Elitenmedien ein Problem, das in vielerlei Hinsicht einen sehr grundlegenden Konstruktionsfehler der europäischen Integration darstellt: Sie verstärken den Informationsgraben zwischen einem gut informierten und von Europa profitierenden Teil der Gesellschaft und denjenigen, die wenig von der europäischen Integration haben und sich im schlimmsten Fall durch eine europaskeptische Berichterstattung der Boulevardmedien von Europa abwenden. Durch Elitenmedien wird Europa umso mehr zum Elitenprojekt. Dann tritt ein, was Antonio Gramsci einst über die Festigung der Hegemonie einzelner gesellschaftlicher Gruppen sagte: Die Öffentlichkeit wird zum Ort, an dem die Dominanz einer Klasse institutionalisiert wird.

DIE UNVORSTELLBARE GEMEINSCHAFT

Den gesellschaftlichen Eliten Europas fällt es leicht, sich als Europäerinnen und Europäer zu fühlen und die Europäische Union als Gemeinschaft zu erfahren. Der Anteil der Menschen, die sich gleichzeitig als nationale und europäische Bürgerinnen und Bürger fühlen, nimmt proportional zum Bildungs- und Einkommensniveau zu. Laut Eurobarometer 2018 fühlten sich weniger als die Hälfte der Menschen in Europa mit niedrigem Bildungsniveau als Europäerin oder Europäer, während dieser Anteil bei Akademikerinnen und Akademikern 76 Prozent ausmacht. Eine Minderheit von sechs Prozent, die allein aus solchen Performern besteht, fühlt sich mittlerweile zuallererst europäisch und ordnet sich in zweiter Instanz ihrer nationalen Identität zu.[46] Sich europäisch zu fühlen, also Europa zum Teil der eigenen Identität zu machen, ist zwar ein mentaler Prozess, wird aber ganz entscheidend von äußeren Faktoren beeinflusst. Schließlich kann man sich nur als Mitglied eines Kollektivs fühlen, wenn man sich unter diesem Kollektiv etwas vorstellen kann. Der Historiker Benedict Anderson nennt Nationen deshalb »imagined communities« – vorgestellte Gemeinschaften. In seinem gleichnamigen, vielzitierten Werk folgt Anderson einer sozialkonstruktivistischen Lehre. Diese geht davon aus, dass ein Nationalbewusstsein nichts Naturgegebenes ist und ein Mensch nicht mit dem Gefühl, Deutscher, Franzose oder Pole zu sein, auf die Welt kommt. Stattdessen wurden nationale Identitäten als Antwort auf die Anforderungen der modernen Industriegesellschaft konstruiert, um das Individuum mit den anderen Mitgliedern der Volkswirtschaft zu verbinden. Nach den Worten von Karl Popper sind Nationen nichts anderes als »Produkte des menschlichen Geists.«[47] Wenn kollektive Identitäten also sozial und psychologisch konstruiert werden, stellt sich die Frage, welche Prozesse und Einflüsse fördern, dass sich ein Mensch einer Gemeinschaft zugehörig fühlt. Andersons Antwort darauf ist, dass Medien dabei eine bedeutende Rolle spielen. Sie ermöglichen einem Menschen, sich eine Vorstellung von der Nation zu machen. Gerade weil dem einzelnen Bürger eines Landes unmöglich ist, alle anderen Mitbürgerinnen und Mitbürger persönlich zu kennen, geschweige denn jemals »face-to-face« zu begegnen, bedarf es einer durch Medien stimulierten Vorstellung der Gemeinschaft und des Gemeinsamen. Das einfachste Beispiel für Momente der »imagined community« sind Fernsehübertragungen von Spielen der Fußball-Nationalmannschaft. Man kann sich als Deutsche und Deutscher sicher sein, dass bei einem WM-Halbfinale mit deutscher Beteiligung ein Großteil der Republik das Spiel am Bildschirm verfolgt. Im Augenblick eines Tores für die eigene Mannschaft jubelt man nicht alleine, sondern synchron mit Millionen Anderen im Land. Die Gewissheit dieser »simultanen Aktivität«, schafft laut Anderson das Bewusstsein, Teil der Gemeinschaft zu sein. Andere Beispiele sind Titelzeilen wie »Wir sind Papst« (BILD-Zeitung vom 20. April 2005), der Tatort am Sonntag oder Berichte über Ereignisse von nationalem Ausmaß wie das Elbe-Hochwasser 2006. Diese Momente machen ein anonymes Publikum zu einer Gemeinschaft. Medienmacher sprechen gerne von »Lagerfeuermomenten«, wenn sich die Nation vor dem Fernseher versammelt, sich Ereignisse in das kollektive Bewusstsein einprägen. Diese Momente können durchaus zu solidarischen Handlungen führen – also zu dem, was eine Gemeinschaft ausmacht. Die Bilder von den Flutkatastrophen an Elbe und Oder veranlassten unzählige Privatpersonen, zusammen mehrere hundert Millionen Euro zu spenden.

Nach dem Zweiten Krieg trug in Deutschland das Fernsehen nicht nur zur Imagination, sondern zum mentalen Wiederaufbau der Nation bei. Ganze Familien versammelten sich an Samstagabenden vor dem Fernsehapparat, um Shows wie »Einer wird gewinnen« mit Hans-Joachim Kulenkampff zu schauen. Diese Sendungen erzielten überwältigende Einschaltquoten von bis zu 80 Prozent. Sie trugen zu einem Zusammengehörigkeitsgefühl bei, das auf der kollektiven Ausblendung der Vergangenheit und Beschwörung einer Wirtschaftswundermentalität aus Tüchtigkeit und Disziplin bestand. Trauma-Bewältigung am Bildschirm. Regina Schilling, die einen Dokumentarfilm über die gesellschaftliche Funktion dieser TV-Shows produziert hat, nennt Showmaster wie Kulenkampff oder Hans Rosenthal deshalb die »Therapeuten einer Nation«.[48] Ihnen gelang es, in den Köpfen der Bevölkerung ein neues, positives Selbstverständnis zu konstruieren.

Für die europäischen Eliten gibt es durch den Konsum von POLITICO, ARTE oder Euronews und, noch wichtiger, durch persönliche Begegnungen mit anderen Europäerinnen und Europäern im Beruf, an der Universität, im Restaurant in Straßburg oder im Thalys von Köln nach Brüssel das permanente Erlebnis des Europäischen. Sie wissen und erleben, was Europa bedeutet, und profitieren davon. Karrierechancen, Mobilität, Kontakte und vieles mehr. Doch wie stellt sich ein 55-jähriger Handwerker aus Kalabrien die europäische Gemeinschaft vor? Welche Antriebe hat er, um sich ein Bild von den anderen Europäerinnen und Europäern zu machen, wie kann er sich mit dem Ideal eines vereinten Europas identifizieren? Oder ist er nur jenen Einflüssen ausgesetzt, welche die Abwendung von Europa fördern? Zum einen ist es für viele Menschen unmöglich, die Resultate europäischer Politik in der eigenen Lebenswelt zu identifizieren. Obwohl die Verzahnung von der kommunalen mit der europäischen Ebene immer größer wird, dürfte den meisten unklar sein, dass selbst die Qualität des Trinkwassers in der eigenen Küche von EU-Richtlinien abhängt. Zum anderen mangelt es auch an Anreizen, sich Europa als Gemeinschaft von Menschen vorzustellen. Die Boulevardzeitungen reproduzieren unaufhörlich das nationale »Wir«, ohne dieses in ein europäisches »Wir« zu integrieren. Auch das Fernsehen, das eine besondere identitätsstiftende Wirkung haben kann, fällt als Medium für Europa aus. Wie am Beispiel von Nachkriegsdeutschland gezeigt, hat das Fernsehen wegen seiner Reichweite, aber auch wegen der Macht bewegter Bilder – von einzelnen Identifikationsfiguren oder ganzen Massen – wichtige Fähigkeiten, um Gemeinschaft mental zu konstruieren. Das Kollektiv bekommt in audiovisuellen Medien Gesichter und Stimmen. Die Stärke des Fernsehens ist zudem, dass diese Bewegtbilder mit Repräsentanten der Gemeinschaft zusätzlich Emotionen vermitteln können, die der Einzelne in dem Moment womöglich selbst fühlt – wie beim Torjubel im WM-Finale. Das emotionale Bündnis, das hier entsteht, ist eine kurzfristige, aber nachhaltige Vergewisserung der Zusammengehörigkeit. In Sachen Bewegbild, Emotionen und Ästhetik hat Europa ein Problem: Die Europäische Union ist nicht telegen. Es gibt überhaupt nur ganz selten eine Repräsentation des *Europäischen* im Fernsehen, bei Netflix oder im Kino. Keine Reize, aus denen sich eine europäische Identität wirksam konstruieren ließe. Im Lieblingsmedium der Europäerinnen und Europäer spielt weder eine europäische Fußballmannschaft noch gibt es dort europäische Samstagabendshows, Serien, Late-Night-Shows, Kinderfilme oder Polit-Talkshows zu sehen. Auch das politische Tagesgeschäft in Brüssel ist nicht gerade eine Augenweide. Erstens fehlt es der EU an Identifikationsfiguren. Es gibt viele weniger bekannte Personen, aber eben nicht den einen Präsidenten oder die eine Kanzlerin, die das Gesicht der politischen Gemeinschaft darstellt. Zweitens sind die EU-Gebäude ästhetikferne Glastürme, die im Gegensatz zum

Elysée-Palast in Paris, Christiansborg in Kopenhagen oder der Prager Burg das Publikum mehr abschrecken als beeindrucken dürften. Drittens finden viele Prozesse innerhalb der EU-Kommission und des Rats hinter verschlossenen Türen statt. Chris Morris, BBC-Korrespondent in Brüssel, beschrieb die Aufnahmen, die er seiner Redaktion in London liefern könnte, einmal so: »Mann steigt aus Auto und geht in Gebäude. Mann kommt aus Gebäude und steigt ins Auto.«[49] Der Mangel an lebendigen Bildern, wie jene von den pompösen Staatsempfängen in nationalen Hauptstädten, mache es oftmals schwer, seine Redaktion für einen Beitrag aus Brüssel zu begeistern, so Morris. Das Ästhetikdefizit der EU wirkt sich direkt auf eine lückenhafte Identifikation mit der EU aus. Zwar fühlen sich mittlerweile 70 Prozent der Europäerinnen und Europäer als »Bürger der EU«. Jedoch zeigen Umfragen auch, dass die EU für die meisten Menschen eine Blackbox ist.[50] Viele verbinden keine konkreten Inhalte mit der EU, wissen nicht genau, was die EU macht, wer es macht und wie es gemacht wird. Es ist demzufolge völlig unklar, womit man sich da eigentlich verbunden fühlt oder fühlen sollte. Es fehlen also nicht nur Bilder, Personen und Emotionen, sondern auch Inhalte für die Identifikation mit der europäischen Gemeinschaft. Gerade weil das Europabild der allermeisten Menschen in der nationalen Öffentlichkeit geprägt wird, hat sich wiederum ein spezifisch nationales Verständnis dessen entwickelt, was die EU ist oder sein soll. Dadurch ist zwar grundsätzlich ein Gefühl der Zugehörigkeit zur EU entstanden, ein Gefühl der Zusammengehörigkeit ergibt sich daraus aber noch längst nicht. Ein Unterschied, der von großer Bedeutung ist.

ZUGEHÖRIGKEIT UNGLEICH ZUSAMMENGEHÖRIGKEIT

Die kollektive Identität einer Gemeinschaft, die man auch »öffentliche Identität« nennen könnte, wird analog zur öffentlichen Meinung ganz entscheidend über den medialen Diskurs konstruiert und verhandelt. Da Öffentlichkeit in Europa noch weitestgehend im nationalen Rahmen stattfindet, begründet sich das Gefühl der Zugehörigkeit zur EU traditionell auf nationalen Herleitungen und Narrativen. Jedes Land hat seine Gründe, zur EU dazuzugehören: Für Deutschland ist die europäische Integration ein Prozess der historischen Rehabilitierung, vom isolierten Aggressor zur wirtschaftlichen Führungsmacht. In Frankreich gilt die EU als Rahmen, in dem das Land zur *Grande Nation* aufsteigt und damit seinen Einfluss auf die Weltpolitik maximieren kann, ohne dabei von den USA abhängig zu sein. Spanien verspricht sich Chancen für die eigene ökonomische Modernisierung von der EU. In skandinavischen Ländern wird eher der Zugang zum Binnenmarkt in den Vordergrund gestellt, ein Argument, das auch stets in Großbritannien bei gleichzeitiger Betonung der politischen und kulturellen Eigenständigkeit angeführt wurde. Und für Irland formulierte es der U2-Sänger Bono einmal so: »Zu Europa zu gehören hat uns in die Lage versetzt, eine bessere und selbstbewusstere Version von uns zu werden.«[51] Der Bezug auf das Selbst ist stets der Ausgangspunkt dieser verschiedenen Zugehörigkeiten zur EU. Daraus entsteht zwangsläufig ein Ideal von Europa, das von einer nationalen Hoffnung geprägt ist – der Hoffnung, dass man durch Europa als Nation zu etwas Besserem werden könne. Das ist okay. Nun wird dieses »Bessere« aber anhand der spezifischen Geschichte und Bedingungen eines jeden Landes definiert. Diese sind zum Teil höchst unterschiedlich. Es ergibt sich dann in erster Linie eine Vorstellung von dem »guten Europa« als dem deutschen Europa, dem französischen Europa oder dem spanischen Europa.

Trotz der unterschiedlichen nationalen Herleitungen für die europäische Zugehörigkeit gibt es gemeinsame Deutungen dessen, was die europäische Identität sei. Insbesondere die Idee der EU als Wertegemeinschaft oder Friedensprojekt wird allgemein geteilt. Dieses Selbstverständnis scheint jedoch vor allem in der Abgrenzung zur Vergangenheit (Krieg, Leid, Armut) oder zur Abgrenzung nach außen (Putin, Trump, Erdoğan) zu funktionieren.

Nach innen entstehen bei der Operationalisierung der als gemeinsam verstandenen Werte zunehmend Spannungen. Das zeigen die Diskussionen zu den Justizreformen in Polen, der Korruption in Rumänien, den NGO-Gesetzen in Ungarn, aber auch die Konflikte in der Euro- oder Asylpolitik. So scheint es, dass das Zugehörigkeitsgefühl zur EU in erster Linie eine nationale »Funktion« hat: Es legitimiert die Regierung auf europäischer Ebene, Verabredungen mit den anderen Mitgliedsstaaten zu treffen. Es legitimiert aber noch nicht das Handeln der EU-Kommission oder die Entscheidungen des EuGH. Die Zugehörigkeit muss deshalb von der Zusammengehörigkeit unterschieden werden. Aus Letzterer aber kann erst Solidarität zwischen den Ländern und Souveränität der EU entstehen. In Krisenzeiten kommt es gar zu einer Dialektik von Zugehörigkeit und Zusammengehörigkeit: In der Eurokrise traten die unterschiedlichen nationalen Verständnisse von der Gemeinschaft offen zu Tage. In Deutschland war man erbost über die fiskalpolitische Nachlässigkeit der südeuropäischen Länder. Dort hingegen war man vom strengen ökonomischen Imperativ Deutschlands erzürnt. Daraus folgte das Bild des »Zahlmeisters« als deutsche Selbstwahrnehmung und des »Spardiktators« als Fremdwahrnehmung. Ein ähnlicher Mechanismus ist in der Migrationskrise am Werk. Die derzeitige ungarische Regierung definiert ihre Zugehörigkeit zu Europa über ein christliches Fundament, das sie durch die Aufnahme muslimischer Geflüchteter gefährdet sieht. Solidarität in der Migrationspolitik heißt für Ungarn, sich gemeinsam und gegenseitig vor den muslimischen »Invasoren« zu schützen. Andere Länder verstehen Humanität als zentralen europäischen Wert, weshalb man solidarisch gegenüber Schutzsuchenden gleich welcher Religion und Herkunft sein sollte. Diese Konflikte zeugen von wenig Zusammengehörigkeit. Im Gegenteil, die durch Krisendiskurse offengelegten unterschiedlichen Begründungen für die Zugehörigkeit zur EU – das, was die Union also sein soll – machen die Nicht-Zusammengehörigkeit in diesen Fragen erst sichtbar. Zur Schau getragen und besprochen wird diese Differenz wiederum in den jeweiligen nationalen Filterblasen. Folglich verlaufen die Diskurse darüber nicht europäisch-vermittelnd, sondern national-konfrontativ. In Deutschland fragt man sich, ob die Italiener nicht etwas solider und disziplinierter mit ihrem Geld umgehen können. In Frankreich sagt man sich, der deutsche Exportüberschuss zerstört unsere Arbeitsplätze. Man stellt fest: Das Europa, zu dem man sich zugehörig fühlt, ist gar nicht das Europa, das sich Andere ausgemalt haben. In diesem Moment kann dann auch das Zugehörigkeitsgefühl der Bürgerinnen und Bürger zur EU ins Wanken kommen. Denn die heute nachweisbare Form der europäischen Identität, welche die meisten Menschen teilen, steht in Abhängigkeit zur nationalen Identität. Man fühlt sich als Schweden, Deutschen, Polen *plus* Europäer. Sie ist eine weitere Schicht von Identität, die sich auf einen Kern nationaler und regionaler Identitäten setzt, somit als deren Ergänzung fungiert. Identität kann man wie eine Zwiebel verstehen – eine Metapher des Politologen Johannes Pollack –, die nur mit allen Schichten komplett ist. Die Schichten sind miteinander verbunden, ko-existieren statt konkurrieren. Aber: Bei einer Zwiebel ist die äußere Schicht am ehesten gefährdet. Genauso geht es der europäischen Identitätsschicht. Wenn im Zuge des nationalen Diskurses über die europäische Krise deutlich wird, dass der Konsens in der EU über Werte, die auch Teil der nationalen Identität sind, brüchig ist. Oder wenn das Verständnis, das man von der EU auf Basis eines nationalen Narrativs hat, im Widerspruch zu den Zugehörigkeitsnarrativen anderer Mitglieder steht, somit die eigene Vision von Europa schwerer zu realisieren erscheint, kann ein Rückzug auf die nationale Identität und eine Schwächung der Unterstützung für die EU die Folge sein – wie die Daten des Eurobarometers für die Eurokrise sehr deutlich zeigen. Die Idee eines gemeinsamen Europas entpuppt sich dann als nationale Illusion. Die Gefahr erscheint umso größer, wenn es kein anderweitiges Fundament von Zusammengehörigkeit für die breite Masse von EU-Bürgerinnen und Bürgern gibt. Dieses andere Fundament haben nur die Eliten durch ihren ständigen Austausch mit anderen Europäerinnen und Europäern. Hier greift der Grundsatz des Soziologen Karl W. Deutsch, der 1953 feststellte, dass die Ausbildung und Stärke einer kollektiven Identität von der Dichte der sozialen Kommunikation zwischen den Mitgliedern der Gemeinschaft abhängt. Deutsch bezog diesen Ansatz zunächst auf die Nation, übertrug ihn später auf supranationale Gemeinschaften. Es muss also einen Austausch zwischen den Bürgerinnen und Bürgern geben, Kommunikation in der Horizontalen der Gemeinschaft. Der Austausch in der Vertikalen, also zwischen Bürger und Institution allein reicht nicht, um ein Gefühl von Zusammengehörigkeit zu entwickeln.

Das bringt uns zum zentralen Punkt: Europa braucht einen gemeinsamen Kommunikationsraum für die Massen. Die europäische Identität ist einerseits Voraussetzung dafür, dass Menschen in einer europäischen Öffentlichkeit zusammenkommen, weil sie europäische Themen dann als gemeinsame Angelegenheiten verstehen. Diese Voraussetzung ist weitestgehend erfüllt. Andererseits ist die europäische Öffentlichkeit notwendig, um die europäische Identität, nicht nur im Sinne der Zugehörigkeit zur EU, sondern vor allem im Sinne der Zusammengehörigkeit, weiter auszubilden und zu stabilisieren. Dazu müssen die Bürgerinnen und Bürger tatsächlich auch miteinander in Kontakt treten können. Denn nur so kann aus einem Zugehörigkeitsgefühl ein *Zusammen*gehörigkeitsgefühl entstehen – die Basis für europäische Solidarität und somit auch für eine europäische Demokratie.

DIGITALE DOMINANZ, DIGITALER DILETTANTISMUS

Doch so lange für viele Menschen unklar bleibt, für was die EU inhaltlich steht, solange sich die Bürgerinnen und Bürger der EU mehr zugehörig als untereinander zusammengehörig fühlen; so lange bleibt eine europäische Identität größtenteils ein Vakuum, eine leere Hülse, die mit beliebigen Inhalten gefüllt werden kann. Es fiel Rechtspopulisten in Europa deshalb in den letzten Jahren nicht schwer, ein kulturell-ethnisches Identitätsverständnis in diese Hülse zu pressen. Nach ihrer Überzeugung definiert sich Europa zum einen als christlich-abendländischer Kulturraum, zum anderen durch die Souveränität nationaler Völker. Daraus formulieren sie einen gemeinsamen Kampf von Europas Nationen gegen eine durch Massenmigration drohende Islamisierung des gemeinsamen Kulturraums. Sie stehen der EU, aber keinesfalls Europa skeptisch gegenüber. Viktor Orbán spricht von einer europäischen Zivilisation, die auf dem Christentum als Fundament fuße. Dieses Identitätsangebot, mit dem Christlichen als verbindendem religiösem und kulturellem Kernelement, scheint für einige Wählergruppen durchaus attraktiv zu sein. Es konnte aber auch deshalb von den entsprechenden Parteien in wahlentscheidende Momente übertragen werden, weil sie neben der Leerstelle bei der europäischen Identität auch ein weiteres Vakuum erfolgreich besetzen können – das Internet als politischen Kommunikationsraum.

Für die allermeisten populistischen Parteien in Europa war die digitale Kommunikation eines der wichtigsten Instrumente auf dem Weg zum Erfolg. In meinem Buch *Propaganda 4.0* habe ich 2017 die Digitalstrategie von Populisten in Europa ausführlich beschrieben. Zwei wichtige Bestandteile dieser Strategie seien hier noch einmal angemerkt: Die Delegitimierung unabhängiger Medien (zum Beispiel die Öffentlich-rechtlichen) und die Schaffung eigener digitaler Alternativmedien. Diese Elemente greifen logisch ineinander: Mit der Diskreditierung der etablierten Medien als Teil einer Verschwörung der Eliten gegen »das Volk« schaffen Populisten unter den eigenen Anhängern einen Bedarf nach wahrhaftigen Informationen, die sie mittels ihrer eigenen Kanäle bedienen. Die parteinahen oder parteieigenen Medien treten in Form von eigenständigen Nachrichtenportalen auf – ein ganzes Ökosystem solcher Online-News beförderte etwa den Aufstieg der Fünf-Sterne-Bewegung in Italien – oder sie sind auf Plattformen wie Facebook, YouTube, Twitter oder Instagram beheimatet. Die digitale Dominanz der Populisten kann man an den Follower-Zahlen und Reichweiten ihrer Profile und Seiten ablesen: Der Rasseblement National von Marine Le Pen hat mit 460.000 Facebook-Fans doppelt so viele Fans wie die Regierungspartei La Republique En Marche!, die Emmanuel Macron ebenfalls mit Hilfe digitaler Medien aufgebaut hat. Geert Wilders hat in den Niederlanden die größte digitale Gefolgschaft (950.000 Twitter-Follower und 250.000 Facebook-Fans), die Fünf-Sterne-Bewegung liegt in Italien mit 1,3 Millionen Facebook-Fans ganz vorne. In Österreich ist die FPÖ mit 110.000 Facebook-Fans führend, in Deutschland die AfD mit 425.000. Gleiches gilt in Polen für die PiS-Partei, für Jobbik in Ungarn und die Finnen-Partei in Finnland. Entscheidend für den Erfolg in sozialen Netzwerken sind allerdings nicht nur die reinen Fan- und Follower-Zahlen, sondern auch die Reichweiten der einzelnen Beiträge, die wiederum von den Interaktionen des Publikums (kommentieren, teilen, liken) abhängen. Auch das haben die Populisten verstanden. Ihre Beiträge sprechen Emotionen an und werden von visuellen Elementen getragen, sie animieren das Publikum zu reagieren, was der Algorithmus mit einer noch größeren Reichweite belohnt. Der Analysedienst Fanpage Karma hat nachgewiesen, dass emotionale Facebook-Posts zehnmal mehr Interaktion bekommen als solche, die unemotional und eher sachlich sind. Aufgezogen wie eine Emotionsmaschine, erreichen die Facebook-Beiträge der AfD regelmäßig Reichweiten im Millionenbereich. An manchen Tagen ist ihr Publikum sogar größer als jenes der Tagesschau. Die Partei hat also ihre Alternativ-Tagesschau. Auch der italienische Innenminister Matteo Salvini ignoriert regelmäßig die ihm hingehaltenen Mikrofone und Kameras, um stattdessen seine Botschaften über seine Facebook-Seite zu verbreiten. Fast täglich streamt er sich live und erreicht damit bis zu 8 Millionen Menschen. »Das ist viel mehr als über traditionelle Medien«, sagt der Vorsitzende der Lega stolz über seine persönliche Gegenöffentlichkeit.[52] Seinen größten Social-Media-Coup landete er 2017 mit einem Video, das verarmte italienische Rentner vermeintlich gut versorgten, undankbaren und gierigen Flüchtlingen gegenüberstellt. 11 Millionen Menschen sahen das Video auf Facebook.[53] Vorreiter für rechtspopulistische Alternativmedien ist allerdings die FPÖ. Früher als Oppositionskanal, heute als Regierungspropaganda: Seitdem die Partei Teil der Regierung in Wien ist, haben ihre Minister so manche Gesetze als erstes über Social Media bekanntgeben. Dort gibt es keinen journalistischen Filter, der ihre Aussagen kritisch einordnet. Es geht schließlich um *message control*.[54] Und die Strategie der Populisten geht auf. Die Skepsis gegenüber den etablierten Medien, vor allem den Öffentlich-rechtlichen, ist in ihrer Wählerschaft überdurchschnittlich stark ausgeprägt. Intensiver als andere Wählergruppen konsumieren sie Nachrichten vornehmlich über soziale Netzwerke. Europaweite Studien haben mittlerweile einen Zusammenhang zwischen der verstärkten Nutzung von Social Media und der Skepsis gegenüber der EU nachgewiesen. Für die Europawahlen 2014 haben die beiden florentinischen Sozialwissenschaftler Lorenzo Mosca und Mario Quaranta belegt, dass Wählerinnen und Wähler, die sich stärker über soziale Netzwerke als über traditionelle Medien informieren, mit höherer Wahrscheinlichkeit europaskeptische Parteien gewählt haben.[55] Gerade jene Parteien, die im EU-Parlament in der rechtspopulistischen ENF-Fraktion zusammensitzen, tauschen sich regelmäßig über Strategien für den »Informationskrieg« aus. Botschaften und Narrative, die in Österreich (FPÖ) erfolgreich waren, werden in Italien (Lega), Deutschland (AfD) oder Frankreich (RN) adaptiert. Instrumente, mit denen sich Gesellschaften spalten lassen, wie das »Microtargeting« in sozialen Medien, werden durch Erfahrungsaustausch optimiert. So ist vor allem auf strategischer Ebene eine internationale Nationale in Europa entstanden. Aber es sind längst nicht die Parteien allein, die soziale Netzwerke zu europaskeptischen und nationalistischen Resonanzräumen gemacht haben. Entstanden ist ein ganzes digitales Ökosystem aus »News« und Aktivismus, das der sogenannten »Neuen Rechten« zugeordnet werden kann. Und diese Akteure handeln durchaus europäisch. Eine Netzwerkanalyse von Forschern der Freien Universität Berlin zeigte, dass es starke Verlinkungen zwischen rechten Alternativmedien wie Journalistenwatch (Deutschland), Ledarsidorna (Schweden), Unzensuriert (Österreich), Spiked (Großbritannien) und 24nyt (Dänemark) gibt.[56] Soll heißen: Sie zitieren sich gegenseitig und verlinken insbesondere über soziale Netzwerke aufeinander. Gruppierungen aus dem politischen Vorfeld wie die »Identitäre Bewegung« – die vor allem in Österreich, Frankreich und Deutschland aktiv ist – koordinieren gemeinsam »virale« Aktionen wie »Defend Europe«, bei der unter anderem die Blockade der Seenotrettung von Geflüchteten auf dem Mittelmeer medial wirksam inszeniert wurde. Was diesen unterschiedlichen Akteuren also gelingt, ist die Schaffung einer digitalen Gegenöffentlichkeit, die durchaus transnationale Züge aufweist.

Aus dieser digitalen Dominanz ergibt sich das zweite Element für den zweifachen Vorteil für Populisten und Nationalisten in den heutigen Strukturen von Öffentlichkeit in Europa. Der erste Vorteil ist die nationale Filterblase. Sie werden von den Medien geschaffen – durch den Mangel an europäischem »Wir« als Referenzrahmen, an europäischem Gemeinwohl als Bewertungsmaßstab und an fundiertem und erklärendem EU-Journalismus. Der zweite Vorteil ist die Algorithmisierung der heutigen Öffentlichkeit, die im Gegensatz zum klassischen Journalismus Relevanz nicht auf Basis demokratischer Prinzipien, sondern aufmerksamkeitsökonomischer Kriterien zuweist. Mit Emotionalität, direkter Ansprache, aber auch handwerklichem Geschick gelingt es ihnen, Reichweiten zu erzielen, die von vielen Qualitätsmedien und fast allen anderen Parteien im digitalen Raum nicht erreicht werden.

Was haben proeuropäische Akteure der europaskeptischen Dominanz im digitalen Raum entgegenzusetzen? Lange Zeit sehr wenig. Erst als Reaktion auf die Wahlerfolge von Populisten haben etablierte Parteien damit begonnen, ihre Digitalkommunikation aufzurüsten. Zu lange haben sie sich auf ihren institutionalisierten Zugang zu den klassischen Massenmedien verlassen. In den Parlamenten, Ministerien oder vor den Parteizentralen stehen überall Kameras

genau!

und Mikrofone bereit, in die Politikerinnen und Politiker nur noch reinsprechen müssen, um eine breite Öffentlichkeit mit ihrer Botschaft zu erreichen. Damit waren sie wie eh und je in den Zeitungen, TV-Nachrichten oder im Radio präsent. Aber die Digitalisierung hat der öffentlichen Debatte eine Überholspur hinzugefügt. Wer hier am schnellsten unterwegs ist und den Ton angibt, kann auch die Debatte der klassischen Medien prägen, denn digitale und analoge Kanäle sind keine getrennten, sondern integrierte Sphären der Öffentlichkeit.

Die Tatsache, dass der journalistische Gatekeeper im Netz fehlt, wäre im Grunde genommen für die EU eine Chance, die nationalen Filterblasen der etablieren Medien zu durchbrechen. Mehr noch, es gibt eine strukturelle Wesensverwandtschaft zwischen der EU und dem Internet: Beides sind Strukturen über dem Nationalen, die EU eine politische Struktur, das Internet eine kommunikative und technologische Struktur. Im Digitalen können sich, anders als in der klassischen Öffentlichkeit, Menschen unabhängig von ihrer Kultur, Identität und größtenteils auch Sprache austauschen. Kriterien, die für die Herausbildung von Öffentlichkeit traditionellerweise unabdingbar waren, scheinen im Netz kein Hindernis mehr zu sein. Netzsoziologen wie Dannah Boyd sehen gar die Möglichkeit von echten digitalen »imagined communities«, könne man sich doch dank der Profilbilder in vielen Fällen sogar ein authentisches Bild von den anderen Mitgliedern der Gemeinschaft machen. Man könnte also meinen, es sei eine Gutmütigkeit der Geschichte gewesen, dass bei Einführung der transnationalen Unionsbürgerschaft durch den Maastrichter Vertrag just auch eine geeignete Technologie für die Schaffung eines transnationalen Kommunikationsraums entstand. Ein Raum, in dem die Menschen ihre neue supranationale Bürgerschaft so richtig spüren und ausüben könnten. Allein, daraus ist bisher nichts geworden. Nicht, dass das Internet nicht grundsätzlich die Voraussetzungen für einen europäischen Kommunikationsraum mitbringen würde. Es gab bisher schlichtweg keinen ernstzunehmenden Versuch, die digitale Infrastruktur in den Dienst der europäischen Integration zu stellen. Die Konstruktion der digitalen Öffentlichkeit wurde Konzerngiganten wie Google, Facebook, Amazon und Apple überlassen. In ihren Businessplänen haben die Träume von EU-Fans keine Priorität. Öffentliche Einrichtungen haben die Digitalisierung lange verschlafen. Man muss sogar sagen: Der digitale Kapitalismus befindet sich in Gesellschaft eines digitalen Dilettantismus öffentlicher Institutionen. Europäische Institutionen, die das nationenlose Netz doch lieben müssten, fallen regelmäßig durch schmerzvoll stümperhafte Digitalkonzepte auf. Ein Beispiel: Die Website des Europaparlaments steht grundsätzlich in allen 24 Sprachen der EU zur Verfügung. Das ist gut so. Doch schon nach zwei, drei Klicks auf die Unterseiten des Angebots, wechselt die ausgewählte Sprache regelmäßig zu Englisch. Ausgerechnet auch dann, wenn man auf der deutschen Seite mehr darüber erfahren will, wie man als Bürger eine EU-Bürgerinitiative starten kann, um sich an europäischer Politik zu beteiligen.[57] Diese Übersetzung fehlt. Ein besonders bitteres Zeugnis der Bürgerferne der EU. Doch selbst wenn Übersetzungen vorhanden sind, machen diese nicht selten einen unprofessionellen und ungelenken Eindruck. Als die EU-Kommission im Sommer 2018 löblicherweise eine öffentliche Konsultation über die Abschaffung der Zeitumstellung startete, wurde man in der deutschen Version mit diesem sperrigen, nahezu abschreckenden Satz begrüßt:

»Auf Ersuchen vonseiten der Bürgerinnen und Bürger, des Europäischen Parlaments und bestimmter EU-Mitgliedstaaten hat die Kommission beschlossen, das Funktionieren der derzeitigen Sommerzeitregelung der EU zu prüfen und zu bewerten, ob sie geändert oder beibehalten werden sollte.«

Das ist textgewordene Technokratie. *Die EU möchte von Ihnen wissen, ob Sie für oder gegen die Abschaffung der Zeitumstellung sind.* So wäre es verständlicher und einfacher gewesen.

Übersetzungen können mit zusätzlichen Ressourcen optimiert werden. Eine noch grundlegendere Fehlausrichtung zeigt sich allerdings bei der Nutzung von Drittplattformen. In ihre Social-Media-Kommunikation investiert die EU-Kommission durchaus üppige Summen. Die Prioritätensetzung ist dabei allerdings fragwürdig: Die Kommission hat knapp 1 Millionen Follower auf Twitter, aber nur 850.000 Fans auf Facebook. In der Europäischen Union nutzen 170 Millionen Menschen Facebook, aber nur rund 3 Millionen Twitter. Letzteres ist eher ein Elitenmedium, insbesondere im Politischen. Es ist ein wichtiges Informations- und Austauschmedium für Menschen aus dem Journalismus, politischen Institutionen, Lobbyismus, NGOs und Wissenschaft. Die breite Masse ist in diesem Netzwerk jedoch nicht vertreten. Twitters Relevanz für den politischen Diskurs gründet sich allein auf der gesellschaftlichen Stellung seiner Nutzerschaft. Facebook hat dagegen die allgemeinste Community hinsichtlich Alter, Beruf, Einkommen etc. Gemessen an dem Missverhältnis zwischen Twitter- und Facebook-Fans scheint die EU-Kommission offensichtlich mehr Wert auf die Kommunikation mit Eliten statt Massen zu legen. Und so auch die einzelnen EU-Kommissare: Besonders dramatisch ist die Diskrepanz zwischen Facebook-Fans und Twitter-Follower bei Kommissionspräsident Jean-Claude Juncker (610.000 versus 81.000), bei der Außenbeauftragten Federica Mogherini (475.000 versus 100.000) und der Wettbewerbskommissarin Margarethe Vestager (240.000 versus 58.000). Das ist Bürgerferne und Elitennähe.

VERNETZTES EUROPA

Im Laufe dieses Kapitels ist klar geworden, dass eine europäische Öffentlichkeit derzeit weder über ein europäisches Massenmedium noch über eine Europäisierung nationaler Massenmedien realistisch ist. Die Strukturen, die man dafür aufbrechen oder verändern müsste, scheinen zu unbeweglich, um Europa in absehbarer

Zeit den Kommunikationsraum bereitzustellen, den es so dringend bräuchte. Mehr Handlungsspielraum verspricht trotz institutioneller Schlafmützigkeit die Digitalisierung. Denn bei genauem Hingucken gibt es dort heute schon Zeichen der Hoffnung. Dazu muss man den Blick jedoch von den großen Institutionen und Medien abwenden und stattdessen auf die Zivilgesellschaft blicken. Zwar ist die vergleichsweise schwach ausgebildete europäische Zivilgesellschaft ein weiterer Grund für das »Demokratiedefizit« der EU – von den über 25.000 Interessenvertretern in Brüssel repräsentieren 70 Prozent wirtschaftliche und nur 30 Prozent zivilgesellschaftliche Interessen. Doch Brüssel ist nicht nur ein Lobbydschungel. Insbesondere durch ihre Vernetzung quer über den Kontinent haben NGOs und Verbände in der Vergangenheit den Debatten über einzelne EU-Themen ihren sichtbaren Stempel aufgedrückt, ja Entscheidungen wesentlich beeinflusst. Das prominenteste Beispiel dafür ist die Debatte über das transatlantische Handelsabkommen TTIP. Öffentlicher Protest regte sich gegen die intransparenten Verhandlungen, die geplanten Klagemöglichkeiten für Konzerne an privaten Schiedsgerichten und die Verschlechterungen im Verbraucherschutz, anfangs symbolisiert durch das sagenumwobene »Chlorhühnchen«. Von Land zu Land standen aber durchaus unterschiedliche Aspekte im Vordergrund. In Frankreich und Italien sorgte man sich um regionale Käse- und Wurstspezialisten, weil der Schutz von Produkten wie Camembert oder Parmaschinken auf dem Spiel zu stehen schien. In Großbritannien fürchteten viele Rückschritte im Gesundheitswesen. In Deutschland gab es zuvörderst Diskussionen über die Schiedsgerichte. Zudem war die Intensität des Protests und der Debatte über den Handelsvertrag längst nicht überall gleich in Europa. Trotz alledem: Knapp 500 Organisationen aus allen Mitgliedsländern beteiligten sich an einer Kampagne, die sich nicht nur gegen TTIP, sondern auch gegen das ähnliche Handelsabkommen mit Kanada (CETA) richtete. Ihr wichtigstes Instrument war zunächst eine Europäische Bürgerinitiative, das offizielle Petitionsverfahren der EU. Die Aktivisten sammelten zwar Unterschriften von 3,2 Millionen EU-Bürgerinnen und Bürgern, aber die EU-Kommission wies die Initiative aus formalen Gründen zurück. Sie habe keinen Bezug zu einem Rechtsakt der EU-Kommission, so die Begründung. Womöglich war die Wirksamkeit durch die öffentliche Debatte sowieso größer. Bemerkbar machte sich der Protest dabei anfangs nicht über die klassischen Medien, sondern über soziale Netzwerke. Es entstanden Facebook-Seiten und Twitter-Profile mit Hunderttausenden von Fans und Followern aus ganz Europa – natürlich vorrangig aus dem linken politischen Spektrum. Dadurch bekam die Bürgerinitiative immer mehr Unterschriften, die Bewegung immer mehr Drive. Die Stimmung im Netz richtete sich mehrheitlich gegen die Freihandelsabkommen, sie übertrug sich auf die klassischen Medien. Man kann von einem TTIP-kritischen Agenda-Setting durch die europäische Zivilgesellschaft sprechen, das aus den sozialen Medien in die klassischen, nationalen Medien rüber schwappte. Dabei waren die NGOs nicht nur daran beteiligt, das Thema auf die Agenda zu setzen, sondern sie beeinflussten auch, welche Aspekte in welchem Framing diskutiert wurden (»Geheimabkommen«, »Demokratieabbau«, »Paralleljustiz« etc.). Bevor die Verhandlungen über TTIP in der Präsidentschaft von Donald Trump versandeten, hatte die Bewegung immerhin mehr Transparenz über die Entwürfe einzelner Vertragskapitel erreicht. Und sie hatte der EU-Kommission klar gemacht: Die Zeiten, in denen Handelsverträge fernab jeder Öffentlichkeit und ohne Einbeziehung der Zivilgesellschaft eingefädelt werden können, sind vorbei. In kleineren Dimensionen gibt es solche europäischen Teilöffentlichkeiten, die sich um bestimmte Themen herum ausbilden, mittlerweile regelmäßig. Meist zu Themen, die sich auf aktuelle Gesetzgebungsverfahren der EU-Institutionen beziehen. Zum Beispiel die Reform des Urheberrechts im Juli 2018. Es ging dabei um die Einführung eines Leistungsschutzrechts, das geistiges Eigentum auch beim Hochladen auf Digitalplattformen wie YouTube besser schützen sollte. Die Kritiker witterten das »Ende des freien Internets«, weil Plattformen sogenannte »Upload-Filter« einsetzen könnten, die bestimmte Inhalte schon im Moment des Hochladens blockieren, sie also gar nicht erst ins Internet lassen. Auch weil es hierbei um ein netzpolitisches Thema ging, kam schnell eine Reihe von Organisationen in Europa über das Internet zusammen. Sie lenkten die Aufmerksamkeit auf das Thema, mobilisierten Stimmen gegen die Änderungen und reüssierten zumindest bei einer ersten Abstimmung im Europaparlament am 5. Juli 2018, als eine Mehrheit den Vorschlag vorerst ablehnte. Ein paar Monate später schaffte es jedoch ein veränderter Entwurf durch das Parlament, und die Verhandlungen mit der EU-Kommission und dem Europäischen Rat über die Umsetzung der Reform konnten beginnen. Nichtsdestotrotz gelang es auch hier der digital vernetzten europäischen Öffentlichkeit, eine breitere Debatte über das Thema auszulösen. Etwas, das die traditionellen Medien bei Themen des Europaparlaments eben viel zu selten tun.

Solche zivilgesellschaftlichen Vernetzungen und Kampagnen sind der Anfang einer europäischen Öffentlichkeit, die sich den digitalen Raum zunutze macht. Natürlich, noch sind es nur Teilöffentlichkeiten, politische und thematische Milieus, die sich da zusammenschließen, gewiss nicht die breiten Massen. Sie beweisen aber, dass ein postnationaler Diskurs unter Europäerinnen und Europäern grundsätzlich möglich ist. Und zwar jenseits der klassischen Medien und über die kosmopolitischen Kreise hinaus. Die digitale Öffentlichkeit ist deshalb der Ausgangspunkt für das nächste Kapitel. Darin soll ein Lösungsvorschlag für die Herausbildung einer europäischen Öffentlichkeit mittels einer Digitalplattform in öffentlicher Hand entwickelt werden. Eine Struktur, die nationale Filterblasen durchbricht, europäische Politik kontrolliert statt (per se) delegitimiert und demokratische Debatten statt populistische Destruktion fördert.

_KAPITEL 3
DIE LÖSUNG: PLATTFORM EUROPA

Die Essenz der bisherigen Kapitel mag aus proeuropäischer Warte frustrierend sein: Jede weitere Krise scheint Europa ein Stück weiter auseinander zu bringen. Es fehlt ein öffentlicher Rahmen, in dem die Ursachen und Probleme als Angelegenheit eines europäischen »Wir« thematisiert und Lösungen als gemeinschaftliche Aufgabe gesehen und behandelt werden. Verstärkt durch die Unfähigkeit der Medien, den EU-Bürgerinnen und Bürgern eine europäische Perspektive zu bieten, schreitet die Entfremdung von ohnehin wenig Bekanntem in Zeiten der Krise unerbittlich fort. Das kann langfristig das Zugehörigkeitsgefühl zur EU gefährden, weil mangelnde Zusammengehörigkeit offen zu Tage tritt. Während die traditionellen Massenmedien im nationalen Karo verharren, verpassen es die EU-Institutionen, einen europäischen Kommunikationsraum zu etablieren, in dem Europa für die Menschen vorstellbar, erfahrbar und debattierbar wird. Stattdessen investieren die EU-Institutionen weiter in Misserfolgsmodelle wie Euronews oder unwirksame PR wie die Mobilisierungskampagnen zu Europawahlen. Den stetigen Rückgang der Wahlbeteiligung konnten aber auch diese bislang nicht stoppen. Es stellen sich sehr grundsätzliche Fragen: Wie soll jemals eine überlebensfähige europäische Demokratie entstehen, wenn Europäerinnen und Europäer keine Möglichkeit haben, sich über deren konkrete Ausgestaltung auszutauschen? Wenn alles so weiter läuft wie bisher, wird sich Europa dann unter dem Gebrüll des Nationalismus und der Stummheit der europäischen Demokratie langsam aber sicher zu einem losen, rein ökonomisch-rationalem Staatenbund desintegrieren? Jedenfalls gibt der Status quo der Öffentlichkeit in Europa wenig Grund zur Hoffnung: Gegenwärtig wird das nationale vom europäischen Interesse entkoppelt statt vereint, Misstrauen statt Vertrauen zwischen Ländern geschürt, nationaler Saldo statt europäische Solidarität befördert. Doch so muss es nicht bleiben. Denn bisher gab es keine wirklich ernsthaften Versuche, Europa aus den nationalen Filterblasen zu holen, die EU-Bürgerinnen und Bürger tatsächlich miteinander zu vernetzen. Auf öffentlicher Seite scheiterten alle Versuche zur Schaffung eines europäischen Kommunikationsraums an politischem Unwillen oder praktischem Dilettantismus. Auf privater Seite entwickelten Unternehmen bisher nur erfolgreiche Geschäftsmodelle für elitäre Publika. Überlegungen über die Möglichkeiten einer postnationalen Öffentlichkeit in Europa müssen von der Frage ausgehen, *wie* und *wo* Öffentlichkeit heutzutage überhaupt zustande kommt. Die Digitalisierung hat in den letzten Jahrzehnten die dominanten Erscheinungsformen von Öffentlichkeit dramatisch verändert: 81 Prozent der Europäerinnen und Europäer sind laut Eurostat digital verbunden, in ihrer Mediennutzung spielt das Internet eine wichtigere Rolle als das Radio oder die gedruckte Zeitung, obgleich deren Angebote nun eben auch über digitale Kanäle abgerufen werden. Mit Smartphones, Smartwatches und Tablets sind wir dauer-digital, immer empfangsbereit. Auch wenn unsere Quellen im Netz oftmals die gleichen wie in der analogen Welt sind (etwa SPIEGEL und SPIEGEL), ist die Architektur der digitalen Öffentlichkeit doch fundamental anders. Mit Google, Facebook, Twitter oder YouTube sind mächtige Akteure entstanden, über die ein Großteil der digitalen Datenströme läuft. Sie betreiben die Infrastruktur des Netzes und sind für die meisten Nutzerinnen und Nutzer der Ausgangspunkt, um zu anderen Informationen zu gelangen. Und sie gründen auf einem Geschäftsmodell, das sich in der Digitalökonomie als Goldstandard durchgesetzt hat: Das Plattform-Modell. Privatwirtschaftliche Plattformen sind der Ort, an dem im digitalen Raum Öffentlichkeit entsteht. Ohne sie ist Öffentlichkeit heute nicht mehr zu denken. Wenn man neue Räume von Öffentlichkeit schaffen möchte, führt an einer Auseinandersetzung mit Plattformen kein Weg vorbei.

WIR LEBEN IN EINER PLATTFORMGESELLSCHAFT

Der Begriff der Plattform ist zunächst einmal nur eine Metapher für das erfolgreichste Geschäftsmodell der digitalen Ökonomie. Der fundamentale Umbruch, den diese neue Form des Kapitalismus mit sich bringt, lässt sich vielleicht am besten nachvollziehen, wenn man ihn mit einer Metapher für die alte Form des Kapitalismus vergleicht. Für althergebrachte Geschäftsmodelle verwenden manche Ökonomen das Sprachbild von der Röhre: Ein Unternehmen produziert Waren oder entwickelt Dienstleistungen, drückt sie wie durch ein Rohr auf den Markt und verkauft sie dort an Kundinnen und Kunden. Es gibt einen linearen Fluss vom Unternehmen zum Kunden, analog zum Fluss von Wasser durch eine Röhre. Plattformen funktionieren gänzlich anders: Sie produzieren nichts, um es durch die Röhre auf den Markt zu befördern. Plattformen bieten eine digitale Infrastruktur an, auf der Güter oder Dienstleistungen hergestellt, angeboten und verschiedene Gruppen miteinander vernetzt werden, um in eine geschäftliche oder private Interaktion treten zu können. An einigen Beispielen lässt sich der Wandel von altem zu neuem Geschäftsmodell verdeutlichen: Ein TV-Sender wie das ZDF arbeitet nach dem Röhrenmodell, während YouTube auf einer Plattform basiert. Die Brockhaus Enzyklopädie ist Röhre, Wikipedia ist Plattform. Ein Hotel basiert auf der Röhre, Airbnb ist Plattform. Der zentrale Unterschied etwa zwischen einem Taxi-Unternehmen (Röhre) und Uber (Plattform): Zwar kann man auch mit Uber einen Fahrer bestellen, der einen von A nach B kutschiert, aber im Gegensatz zum Taxidienst besitzt der Uber-Konzern weder Autos, noch hat er Fahrer angestellt. Daraus ergibt sich ein Paradox der Plattformen: Als wertvollstes Transportunternehmen der Welt besitzt Uber keine Transportmittel. Als wertvollstes Beherbergungsunternehmen der Welt besitzt Airbnb weder Grundstücke noch Gebäude noch Betten.[58] In Anlehnung an Marx könnte man sagen: Im Plattform-Kapitalismus geht es nicht mehr um den Besitz von Mitteln der Produktion, sondern von Mitteln der Konnexion. Denn Plattformen vernetzen verschiedene Typen von Nutzern wie Produzenten, Kunden, Werbetreibende, Dienstleister und Lieferanten. Amazon bringt Buchverkäufer und Buchkäufer zusammen, Deliveroo Restaurant und Hungrige, Uber Fahrer und Passagiere, Airbnb Gastgeber und Gäste, Facebook Zeitungen und Leser. Dadurch, dass Plattformen im Besitz der Infrastruktur sind, auf der diese Nutzergruppen zusammenkommen, können sie deren Aktivitäten exakt protokollieren. Aus dieser Protokollierung gewinnen die Plattformen ihre wichtigste Ressource: Daten. Je höher die Dichte der Aktivitäten auf der Plattform, desto mehr Daten können gewonnen, weiterverarbeitet und monetarisiert werden. Bei Facebook entstehen allein 4 Millionen »Likes« pro Minute. Daraus generiert der Konzern gigantischen Menge an Wissen über das persönliche, soziale und emotionale Verhalten der User sowie deren Interessen, Bedürfnisse und Präferenzen. Google verzeichnet im Durchschnitt 40.000 Suchanfragen pro Sekunde, auch daraus ergibt sich ein riesiger Datensatz über Interessen und Wünsche von Menschen. Amazon merkt sich jede Produktsuche und jedes Kaufinteresse. Diese Daten werden permanent ausgewertet und in Geld umgesetzt: Facebook, Instagram, YouTube oder Google verkaufen Werbeplätze auf Basis der Daten, die sie über ihre Nutzerschaft haben. Dadurch kann ein Werbetreibender seine Anzeige passgenau auf den Konsumenten abstimmen. Amazon nutzt die Daten, um noch mehr Produkte anzubieten, die haargenau zu dem Profil des Users passen. Plattformen wie Uber und Airbnb werden auch als »Sharing-Ökonomie« bezeichnet. Das kann allerdings nur ein Euphemismus sein, denn was in erster Linie geteilt wird, sind persönliche Daten der Nutzerinnen und Nutzer über das eigene Verhalten, die von dem Unternehmen mittels eines Datenkreislaufes in Gewinne umgesetzt werden. Ein stärkerer Datenschutz ist daher ein Angriff auf diese Geschäftsmodelle. Freiwillig würde er von den Plattformbetreibern niemals umgesetzt werden, gegen stärkere rechtliche Verpflichtungen werden sie immer protestieren.

Dadurch, dass mittlerweile fast alle Bereiche des menschlichen Lebens plattformisiert wurden, sind Unternehmen im Besitz gigantischer Mengen an Daten, die sie nutzen können, um Menschen im Sinne ihrer Verkaufsstrategie zu beeinflussen. Plattformen stoßen längst in Bereiche vor, die traditionellerweise öffentlich reguliert wurden, wie Gesundheit (»Apple Health Kit«) oder Bildung (»Google Apps for Education«). Weil sich in der Digitalisierung vornehmlich national agierende Staaten und grundsätzlich grenzenlos handelnde Plattformen nicht auf Augenhöhe treffen, stellt sich in der Plattformgesellschaft die Frage: Regulieren unsere Regierungen die Plattformen oder regieren uns die Plattformen ohne Regulierung?

Die mächtigsten Plattformen werden treffend als »Big Five« bezeichnet – wie jene Wildtiere Afrikas, die für den Menschen seit jeher schwer zu fassen waren. Dazu gehören Google/Alphabet, Apple, Facebook, Amazon und Microsoft. Sie sind die »Super-Plattformen« der Digitalökonomie, weil sie das Fundament des Ökosystems von Plattformen bilden. Die meisten kleineren Plattformen und Anwendungen sind von ihrer Infrastruktur abhängig, fast jeder Prozess der Digitalökonomie hängt mit diesen fünf Giganten zusammen: Airbnb nutzt Google Maps, um den Standort von Unterkünften anzuzeigen. Bei Foodora zahlt der Kunde seine Essenslieferung mit Apple Pay. Spotify basiert auf Google Cloud, Netflix hängt von Amazon Web Services ab und so weiter. Das heißt: Die Datenflows anderer Firmen fließen über die »Big Five«, die dadurch wiederum von jedem neuen Kunden der anderen Plattformen profitieren und ihre Dominanz stetig ausbauen. Zudem verkaufen über ihre Infrastruktur nicht nur andere Firmen ihre Produkte und Dienstleistungen, sondern auch sie selbst. So betreibt Amazon einerseits einen ganzen Marktplatz für andere Händler, andererseits aber auch einen eigenen Stand auf diesem Marktplatz. Vereinfacht gesprochen kann es als Hausherr seinen Stand strategisch besser positionieren als die Stände anderer Anbieter. Fairer Wettbewerb ist das nicht. Diese Strategie bringt manch große Plattform in Konflikt mit dem Kartellrecht: Die EU-Kommission verdonnerte Google im Juni 2018 zu einer Strafe von 2,4 Milliarden Euro, weil es in seinen Suchergebnissen den hauseigenen Preisvergleichsdienst Google Shopping gegenüber den Konkurrenten bevorteilte. Wer drei Viertel aller Suchanfragen im Internet bearbeitet, dem fällt die Macht zu, die Nutzerinnen und Nutzer auf ganz bestimmte Wege des Netzes zu leiten und andere Pfade weniger zugänglich zu machen. Diese Marktmacht nutzte Google wettbewerbswidrig aus.

Die Öffentlichkeit, die sich auf der Infrastruktur der Plattformen bildet, besteht nicht nur aus kommerziellen Marktplätzen, sondern auch aus Orten der öffentlichen Debatte. Wenn von der Digitalökonomie die Rede ist, wird oft über Disruption gesprochen. Das heißt: Alte Marktstrukturen samt ihrer Geschäftsmodelle werden zerstört und durch neue, profitablere Formen ersetzt. Disruptiv wirken auf die Medienöffentlichkeit und den Medienmarkt, allen voran, soziale Netzwerke wie Facebook und Twitter, Nachrichten-Aggregatoren wie Google News und Content-Plattformen wie YouTube. Von den Veränderungen sind sowohl private als auch öffentlich-rechtliche Medien knallhart betroffen. Ganz im Sinne der Röhre haben im 20. Jahrhundert die klassischen Medien die Kanäle von Kommunikation kontrolliert. Sie sendeten und druckten – die Massen schauten, hörten oder lasen. Wie im letzten Kapitel angeschnitten, spielen etablierte Medien auch im digitalen Zeitalter grundsätzlich noch eine wichtige Rolle für die Entstehung öffentlicher Debatten. Nur hat sich durch die Digitalisierung diese Rolle dahingehend verändert, dass der Journalismus zwar noch wichtiger Taktgeber hinsichtlich der Auswahl der Themen ist. Jedoch ist er nicht mehr unbedingt Gastgeber in Hinblick auf den Ort, an dem öffentliche Debatten stattfinden. Die mediale Öffentlichkeit entsteht heute vornehmlich nicht mehr durch den TV-Apparat, das Radiogerät oder die Zeitung, sondern vorwiegend auf den Plattformen. Sie haben sich wie ein zweiter Gatekeeper an die Seite des Journalismus gesellt und ihm damit ein Teil seiner Macht genommen. Vereinfacht ausgedrückt: Während früher eine Zeitungsredaktion die Themen des Tages auswählte und ihre Artikel dazu über ihre nächste Ausgabe verbreitete, findet heute die Verbreitung der Inhalte auch über fremde Plattformen statt, auf deren Funktionsweisen die Zeitung im Gegensatz zu ihrem eigenen Blatt keinen Einfluss mehr hat. Hier haben die Digitalkonzerne die Hoheit – über Selektion und Präsentation von Inhalten, aber auch Nutzerdaten, Werbeeinnahmen und vieles mehr. Mit anderen Worten: Plattformen haben sich als Vermittler zwischen Medien und Publikum eingenistet. Der Reuters Digital News Report hat ermittelt, dass 2018 knapp zwei Drittel der Zugriffe auf die Webseiten und Apps von Nachrichtenmedien über Google, Facebook und andere Drittanbieter kamen. Für das Nutzungsverhalten der unter 35-Jährigen beträgt dieser Wert sogar 73 Prozent. Die Herausforderung, vor der die klassischen Medien nunmehr stehen – und das bis heute mehr oder weniger ratlos –, ist sowohl redaktionell als auch ökonomisch. Denn die Funktionsweisen der Plattformen, auf die Medienunternehmen keinen Einfluss haben, berühren zahlreiche ihrer Kernbereiche. Ein Beispiel: Teil der Funktionslogiken von Facebook und Co. sind die Formate, in denen mediale Inhalte für das Publikum dargestellt werden können. Ein TV-Sender könnte auf Facebook einen Link zu einem Video aus der eigenen Mediathek posten, somit die User auf das eigene Portal ziehen oder aber das Video direkt auf Facebook hochladen. Plattformen haben in der Vergangenheit immer mehr Formate entwickelt, die Inhalte direkt bei ihnen konsumierbar machen, statt an anderen Orten des Netzes – zum Beispiel Facebook Instant Articles, Snapchat Discovery oder Google Accelerated Mobile Pages. Sie haben ein großes Interesse daran, dass die Nutzer Medieninhalte direkt bei ihnen abrufen, um nicht zu anderen Webseiten oder Apps abzuwandern. Die Interessen lauten immer wieder: Daten und Werbeeinnahmen. Je länger ein Nutzer auf der Plattform verweilt, desto mehr Daten können über ihn gesammelt werden und desto mehr Werbung kann an ihn ausgespielt werden. Um Medienanbieter zur Nutzung dieser Formate zu drängen, wird der Algorithmus dahingehend angepasst, dass er diese Formate gegenüber anderen (etwa Links zu externen Inhalten) bevorzugt. Die Plattformen haben den Medien deshalb nicht nur die Verbreitung der Inhalte abgenommen, sondern nehmen auch ganz entscheidend Einfluss auf deren Formate und somit letztlich auch auf die Inhalte selbst: Denn nicht jedes relevante Thema lässt sich umgehend mit einem Video oder einer Instagram-Story aufbereiten. Wenn also eine Zeitung Menschen über Facebook oder Twitter erreichen möchte, muss sie sich den intransparenten Regeln des Algorithmus unterwerfen. Diese Blackbox agiert dann gewissermaßen als »Super-Chefredakteur«. Am Ende entscheidet der Algorithmus, ob der Beitrag tatsächlich im News Feed der User angezeigt wird oder Beiträge anderer Anbieter bevorzugt werden.

Diese Verschiebung des Ortes, an dem Öffentlichkeit entsteht, führt dazu, dass aus der journalistischen Medienöffentlichkeit eine algorithmische Plattformöffentlichkeit entstanden ist. Diese Plattformöffentlichkeit unterscheidet sich in mindestens drei Punkten von der klassischen Medienöffentlichkeit. Erstens: Anders als auf dem klassischen TV-, Print- oder Radiomarkt sind die etablierten Medien auf den Plattformen einem viel härteren Wettbewerb mit einer Vielzahl von diversifizierten Informationsanbietern ausgesetzt – vor allem, weil Zugangsbarrieren zu Plattformen mehr oder weniger nicht existent sind. Diese Pluralisierung ist grundsätzlich begrüßenswert, in manchen Ländern verhelfen digitale Plattformen unterdrückten Stimmen dabei, die Zensurmaschinerien autoritärer Regime zu umgehen. Mit der Pluralisierung des Informationsangebots steigen aber auch die Anforderungen an die Nutzerinnen und Nutzer. Masse ist nicht Qualität. Sie oder er muss selbst Wahrheit von Unwahrheit, seriöse von unseriösen Informationen, Fakten von Meinungen unterscheiden – Aufgaben, die vorher der Journalismus erledigt hat. Das heißt, Menschen müssen heute mit einer viel anspruchsvolleren Informationskompetenz ausgestattet sein, um im Dschungel von Fakten und Fakes navigieren zu können und nicht ständig Gefahr zu laufen, manipuliert statt informiert zu werden. Zweitens: Die Pluralisierung der öffentlichen Kommunikation kann in sozialen Medien zu Beliebigkeit im Umgang mit Demokraten und Anti-Demokraten führen, weil Plattformen in erster Linie eine Ökonomisierung statt eine Demokratisierung von Öffentlichkeit verfolgen. Die Plattformöffentlichkeit ist eine vollständig privatisierte Öffentlichkeit. Die Kommodifizierung des öffentlichen Austausches gehört zum Geschäftsmodell sozialer Netzwerke. In der privatisierten Öffentlichkeit ist »Informieren und Debattieren« gleichzeitig auch »Kaufen und Verkaufen«. Die Wertschöpfung basiert auf Vernetzung und Interaktionen. Sie sind die Prozesse der Datenproduktion. Die Nutzerschaft soll so viel wie möglich interagieren, egal wie und worüber. Dem Ziel der Interaktionen wird alles andere untergeordnet: Pluralismus, Respekt, ja sogar Grundrechte. Sofern es dem Geschäft langfristig nicht schadet, werden Konventionen der demokratischen Öffentlichkeit nicht nur maximal strapaziert, sondern sogar umdefiniert – etwa durch die Duldung von Hass, Rassismus, Diskriminierungen, Lügen, Propaganda, Fälschungen oder Verschwörungstheorien. Erst wenn Werbetreibende sich zurückziehen, User weglaufen oder Gerichte Strafen verhängen, reagieren Unternehmen wie Facebook oder YouTube. Drittens: Im Unterschied zur traditionellen Medienöffentlichkeit, die in EU-Ländern wie Griechenland oder Bulgarien ebenfalls von privatwirtschaftlichen Medien dominiert wird, haben Plattformen weder einen gesellschaftlichen Auftrag, noch werden sie staatlich kontrolliert. Private Medien unterliegen einer Aufsicht, in Deutschland werden sie von den Landesmedienanstalten kontrolliert. Weil digitale Plattformen nicht als Medienunternehmen gelten, fallen sie nicht unter deren Aufsichtsbereich. Die Forderung aus Politik und Gesellschaft, Facebook als Medienunternehmen einzustufen, stößt bei dem Konzern natürlich auf Widerstand, weil es dem Selbstverständnis von Plattformen widerspricht. Sie stellen ja nur eine Infrastruktur zur Verfügung, auf der die Nutzerinnen und Nutzer machen können, was sie wollen. Für die Inhalte fühlen sie sich nicht verantwortlich. Es geht ihnen um etwas anderes: Plattformen programmieren in ihre Algorithmen keinen Informations-, Bildungs- oder Unterhaltungsauftrag, sondern allein einen Aufmerksamkeitsauftrag. Diesen zu erfüllen heißt, mit Emotionen Interaktionen erzeugen. Aus diesem Grund sind Populisten auch so erfolgreich in sozialen Netzwerken, denn sie folgen der gleichen Opportunität wie die Algorithmen – alles, was Menschen zur Reaktion animiert, ist grundsätzlich positiv. So entsteht eine Win-win-lose-Situation: Die Plattformen verdienen mit Werbung, die Populisten mit Aufmerksamkeit. Der demokratische Diskurs verliert. Noch mehr: Ein demokratischer Wahlkampf ist kaum noch möglich, wenn wie im Fall der Brexit-Kampagnen lügenbehaftete »Dark Ads« (wie etwa »76 Millionen Türken bekommen visafreie Einreise in die EU«) im Verborgenen nur kleinen Segmenten der Wählerschaft zugespielt werden.

Man kann also sagen: Das Geschäftsmodell von Plattformen operiert unabhängig von demokratischen Werten. In ihrem Profitstreben lassen sie auch dubiose und illegal handelnde Unternehmen wie Cambridge Analytica so lange gewähren, bis der Skandal aufgedeckt wird. Wegen der digitalen Beliebigkeit gegenüber demokratischen Grundwerten schlagen nun seit mehreren Jahren immer mehr Experten und Kommentatoren Alarm. Der Tenor der Warnungen: Das Internet killt die Demokratie. Bücher, die die digitale Apokalypse hereinbrechen sehen, sind seit der Wahl von Donald Trump und dem Brexit-Referendum zu einem eigenen Genre geworden. Oftmals bekennen die Autoren, dass sie von Netzeuphorikern zu Netzpessimisten geworden seien. Noch vor 25 Jahren feierten viele von ihnen das Internet als nächsten Level der Demokratie. Heute soll die gravierendste Disruption dieser Technologie die Zerstörung der Demokratie sein. Statt mehr Meinungsfreiheit ist offenbar mehr Hassfreiheit entstanden. Statt den öffentlichen Diskurs zu egalisieren, wird er von Troll-Armen, Deep Fakes und Bot-Netzwerken manipuliert. Statt Gesellschaften durch Vernetzung näher zusammenzubringen, sind sie polarisierter und gespaltener denn je. Statt der Dezentralisierung von Macht ist ein Oligopol von Plattformen gewachsen. Jamie Barlett begründet das demokratische Versagen des Internets in seinem Buch »The People vs Tech« mit den fundamental unterschiedlichen Systemlogiken von Demokratie und Technologie. Weil sie aus verschiedenen Epochen stammen, würden sie nach völlig anderen Prinzipien und Regeln funktionieren, zum Beispiel nach ganz anderen geographischen Kategorien. »Demokratie ist für die digitale Welt nicht gemacht«, meint Bartlett. Er sieht die beiden Systeme in einem »End Game«:

»In den kommenden Jahren wird entweder die Technologie die Demokratie und die soziale Ordnung wie wir sie kennen zerstören, oder die Politik wird der digitalen Welt ihre Autorität aufdrücken«.

Ich möchte anders argumentieren: Die Demokratie ist sehr wohl für die digitale Welt gemacht, aber die digitale Welt bisher nicht für die Demokratie. Weil die Digitalisierung bis heute von der Wirtschaft, nicht von der Demokratie gesteuert wird. Europa könnte das ändern. Das sollte es sogar unbedingt, weil die geographische Entgrenzung der Digitalisierung und die übernationale Geographie der EU ein gutes »Match« sind. Man sollte also eher sagen: Das Internet ist wie für die europäische Demokratie gemacht.

WARUM EUROPA EINE PLATTFORM WERDEN SOLLTE

Die These von der Inkompatibilität von Demokratie und Technologie kann auch aus anderen Gründen nicht überzeugen. Technologie würde Demokratie niemals zerstören, sondern nur eine bestimmte

Anwendung von Technologie durch Menschen könnte einer demokratischen Ordnung gefährlich werden. Menschen programmieren Bots, damit diese durch automatisch verbreitete Meinungen öffentliche Diskurse manipulieren. Sie können aber genauso gut in einem positiven Sinne eingesetzt werden wie etwa der »Novi«-Bot von tagesschau.de, den man zu einem beliebigen Zeitpunkt »anchatten« kann und der die aktuell wichtigsten Nachrichtenthemen »zurückpromptet«. Ein anderes Beispiel: Der Algorithmus von Facebook ist zwar selbstlernend, aber Menschen entscheiden darüber, welche Dinge er lernt. Er wäre durchaus in der Lage, im News Feed von Wahlberechtigten, bei denen er keinerlei Interesse an einer anstehenden Wahl erkennen kann, einen personalisierten Wahlaufruf anzuzeigen. Das will sagen: Natürlich verändert Technologie die Gesellschaft, aber Technologie kann gestaltet und gesteuert werden, sodass auch die Veränderungen durch Technologie, ob positiv oder negativ, letztlich in den Händen von Menschen liegen. Folglich muss man die Akteure, die Technologie entwickeln, einsetzen, verändern oder in sie investieren, in den Blick nehmen. Wenn man sich den historischen Kontext vergegenwärtigt, in dem das Internet zum Massenmedium aufgestiegen ist, dann erscheinen rückblickend die anfänglichen Gemeinnützigkeitshoffnungen reichlich naiv: Anfang der 1990er-Jahre begann in der Europäischen Union eine neue Phase der ökonomischen Deregulierung. In Deutschland präsentierte 1991 eine von Helmut Kohl eingesetzte »Deregulierungskommission« eine Liste mit Sektoren, die von der öffentlichen in die private Hand gereicht werden sollten. Umgesetzt wurde später etwa die Privatisierung von Elektrizität, Gas, Telekommunikation, Post und Eisenbahn. Der Neoliberalismus war zur politischen Praxis geworden. Der schlanke Staat wurde schick, Regulierung verpönt, der Fortschritt dem Markt überlassen. Man glaubte damals noch, dass der Markt, wenn man ihn nur machen lässt, die Welt in die richtigen Bahnen lenken würde. In diesem Geist wurde privatwirtschaftlichen Akteuren auch die Steuerung der Digitalisierung überlassen – mit dem Ergebnis, dass zwar einerseits ein gigantischer Fortschritt erzielt wurde und es enorme ökonomische Anreize für die Entwicklung von Innovationen gab, dass aber andererseits diese alle Lebensbereiche einschließenden Veränderungen selten an demokratischen oder sozialen Idealen ausgerichtet wurden, sondern primär an der Ertragskraft. Kurz gesagt, es war leichtfertig zu glauben, dass eine im deregulierten Kapitalismus geborene Technologie als erstes in den Dienst der Demokratie gestellt werden würde.

Das heißt aber eben nicht, dass die Digitalisierung nicht grundsätzlich in die Lage versetzt werden kann, die Demokratie zu verbessern. Bei allen Schwemmen von Desinformation und Hass wird der Abgesang auf die digitale Demokratie dennoch mitunter auch vorschnell mit Anekdoten besungen, als mit evidenten Belegen untermauert. So gibt es etwa für die Herausbildung von Filterblasen kaum belastbare Beweise. Interessanter Weise wartet ausgerechnet eine Studie der Washington State University über die US-Wahlen 2016 mit gegensätzlichen Befunden auf: Menschen, die Nachrichten zu den Wahlen vornehmlich über Facebook rezipierten, waren ausgewogener informiert als andere. Denn auf Facebook wurden sie sowohl mit positiven als auch negativen Artikeln über ihren favorisierten Kandidaten konfrontiert. Daraus resultierte nicht mehr, sondern weniger Polarisierung. Ein Befund, der kaum in die so oft erzählte Geschichte von Trumps Weg ins Weiße Haus, der von Troll-Armeen und Fake News geebnet wurde, passt. Eine Vergleichsstudie aus Deutschland, Italien und Großbritannien zeigt, dass die Nutzung sozialer Netzwerke durchaus politisch desinteressierte Menschen für politische Partizipation erwärmen kann. Dieser Effekt erklärt sich aus der Tatsache, dass Menschen eher zufällig die von Freunden geteilten Aufrufe zu politischen Aktivitäten in sozialen Netzwerken lesen. Schließlich gibt es auch erste Befunde dafür, dass sich Menschen, die sich über soziale Netzwerke mit fremden Menschen vernetzen, ein Gefühl von Gemeinschaft entwickeln können. Insbesondere helfen reale Profilbilder dabei, die Vorstellung von Gemeinschaft anzuregen. Auch wenn manche Befunde zu den demokratierelevanten Auswirkungen digitaler Plattformen noch Charakter von Indizien haben – richtig eingesetzt kann die Digitalisierung durchaus die Informierung, politische Partizipation und den Austausch »fremder« Menschen in einer Demokratie fördern.

Allein, den »Big Five« scheint es in letzter Konsequenz gleichgültig zu sein, ob ihre Infrastruktur der Demokratie nutzt oder nicht. Die Plattformen werden naturgemäß immer zuvörderst ein ökonomisches Interesse verfolgen – im Zweifelsfall zu Ungunsten des Gemeinwohls. In anderen Bereichen definiert der Staat Schutzrechte und Standards, damit der Widerspruch zwischen Privat- und Allgemeininteresse nicht ausufert. Das erweist sich angesichts des globalen Wirkens der Plattformen als schwierig, sollte aber weiterhin unbedingt auf nationaler, europäischer und globaler Ebene verfolgt werden. Für Sektoren wie Transport (Uber) oder Gastgewerbe (Airbnb) sollten regulatorische Wege gefunden werden, die diese Unternehmen wie alle anderen Konkurrenten zur Einhaltung rechtlicher, demokratischer und sozialer Standards verpflichtet. Nur dann ist fairer Wettbewerb möglich. Für den Bereich der medialen Öffentlichkeit gelten aber seit jeher andere Mechanismen. Die Mediensysteme in Europa sind dual organisiert, das heißt, private und öffentlich-rechtliche Akteure existieren nebeneinander. Öffentlich-rechtliche sind einem öffentlichen Auftrag verpflichtet. Profite sollen sie nicht kümmern, ihre Finanzierung wird durch Gebühren oder Steuern gesichert. In der Plattformökonomie gibt es jedoch kein duales System zur Herstellung der demokratischen Öffentlichkeit. In der Plattformökonomie ist die Öffentlichkeit privatisiert. Plattformen haben keinen öffentlichen Auftrag. Die Vermittlung von Informationen, die Herstellung einer öffentlichen Debatte sind in ihrer Umwelt allein privatwirtschaftlichen Maßstäben unterworfen. Ich meine deshalb, dass in diesem Bereich eine Regulierung allein nicht reicht. Auch von der These, die Öffentlich-rechtlichen müssten ihre Inhalte eben viel stärker über die privaten Plattformen verbreiten, halte ich wenig. Damit füttert man nur das Monster, das die seriösen Medien im schlimmsten Falle irgendwann selbst verschlingen könnte. Vielmehr sollte man – analog zum dualen System der klassischen Medien – neben privaten Digitalplattformen auch öffentliche installieren. Sie würden den Auftrag bekommen, die demokratischen Potenziale der Digitalisierung zu realisieren. Nick Srnicek, der am Londoner King's College zur digitalen Ökonomie forscht, fordert in seinem Buch »Plattform-Kapitalismus« die Schaffung solcher öffentlicher Plattformen. Er definiert diese als »Plattformen, die im Besitz und unter der Kontrolle von Bürgerinnen und Bürgern sind«. Leider bleibt Srnicek am Ende seines Buches bei dieser Forderung stehen und erläutert nicht, welche Güter und Inhalte öffentliche Plattformen anbieten sollten, wie sie organisiert und finanziert werden könnten, welchen Mehrwert sie neben den privaten Plattformen bieten müssten und so weiter. Dennoch erscheint die Grundidee enorm wichtig, weil eine öffentliche Plattform eben genau jene Werte anstreben könnte, die zwar einen gesellschaftlichen, aber nicht unbedingt einen ökonomischen Zweck verfolgen, also der Wertschöpfung der heutigen Plattformökonomie mitunter sogar entgegenstehen – Datenschutz, Transparenz, Demokratie, Fairness und Sicherheit. Gleichzeitig passt die Idee von einer öffentlichen Plattform vortrefflich zur aktuellen Situation Europas, in der die Integration bisher vor allem über den Binnenmarkt lief und eine kulturelle, soziale und politische Integration vernachlässigt wurde. Ähnlich wie bei der Digitalisierung haben sich bei der EU die nicht-ökonomischen Hoffnungen in vielen Punkten nicht erfüllt, auch weil sie von der Politik lange vernachlässigt wurden. Eine *Plattform Europa* könnte der demokratische, kulturelle und soziale Raum werden, den es als Ergänzung zum Wirtschaftsraum der EU so dringend braucht. Eine Plattform, die postnational und postkapitalistisch ist. Europäisch, öffentlich und demokratisch.

Die Erkenntnis von der Allmächtigkeit der »Big Five«-Plattformen und die Sehnsucht nach Alternativen ist in jüngster Zeit populärer geworden. Beschleunigt wurde die Kritik auch durch Datenskandale bei Facebook oder Sozialskandale bei Uber. In den USA beutet der Taxidienst seine (schein-)selbstständigen Fahrer mit Mini-Löhnen von durchschnittlich 3,30 US-Dollar pro Stunde aus. In Europa und den USA hat sich wegen solcher Fälle eine Gegenbewegung von Plattform-Genossenschaften gegründet. In diesem Modell befinden sich die Plattformen im kollektiven Besitz der Nutzerinnen und Nutzer. So haben Taxi-Fahrer im italienischen Bologna die Uber-Alternative »Cotabo« auf den Markt gebracht. Bei dieser App gehen nicht 25 Prozent des Fahrtpreises ins Silicon Valley, sondern 100 Prozent an den Chauffeur. Auch im Mediensektor ist der Unmut über die Abhängigkeit von den privaten Plattformen für die Verbreitung der eigenen Inhalte unüberhörbar. Zumal man die Inhalte den Plattformen kostenlos übergibt, an den Gewinnen aber nicht beteiligt wird. Die BBC hat 2015 mit der 10-Jahres-Strategie »Bold, British, Creative« einen neuen Kurs eingelegt. Statt dabei zuzusehen, wie sämtliche Medien- und Kulturproduzierende ihre Inhalte zu schlechten Konditionen über YouTube oder Facebook ans Publikum bringen müssen, ist die BBC selbst zum Plattformbetreiber geworden. 2018 startete der britische Sender den Dienst »IDEAS« mit der Veröffentlichung von informativen Kurzfilmen unabhängiger Filmproduzenten. Für die Zukunft wird aber viel größer gedacht. Dann sollen auch Inhalte von Museen, Universitäten, Bibliotheken oder Regionalzeitungen über die IDEAS an ein größeres Publikum gebracht werden. Der Vorstoß der BBC hat vielen in der europäischen Medienszene imponiert. Rauf und runter wird das Modell in Papieren zur Zukunft des öffentlich-rechtlichen Rundfunks in verschiedenen Ländern zitiert. Für die Schweizerische Radio- und Fernsehgesellschaft (SRG) hat das Gottlieb Duttweiler Institut die Studie mit dem Titel »Öffentlichkeit 4.0« erstellt. Die Autoren wollen die SRG in eine offene und partizipative Plattform transformieren, um sie »als Werkzeug der Demokratie im digitalen Zeitalter zu positionieren«. In einem Gutachten für das ZDF fordern die drei Wissenschaftler Dieter Dörr, Bernd Holznagel und Arnold Picot für Deutschland einen »nationalen öffentlichen Kommunikationsraum«, den sie »Public Open Space« nennen. Dort sollen neben Medienangeboten auch die Inhalte von Museen oder Wissenschafts- und Kultureinrichtungen gebündelt werden. Die Möglichkeiten für solche »Public Open Spaces« auf europäischer Ebene möchte ein Team um den Mediensoziologen Volker Grassmuck erkunden. Dazu hat er das Forschungsprojekt »EPOS« konzipiert. In Österreich will der ORF eine gemeinsame »Vermarktungsplattform« für öffentliche und private Medien starten, um »Google und Facebook auf Werbe-Ebene etwas Gemeinsames entgegenzusetzen«. Diese Beispiele aus Wirtschaft, Medien, Kultur und Bildung sind zarte Pflänzchen einer schnell wachsenden Unabhängigkeitsbewegung in der heutigen Plattformgesellschaft. Statt weiterhin Dienstleistungen, Zahlungen, journalistische oder kulturelle Inhalte über die Infrastruktur der Tech-Giganten abzuwickeln, ihnen damit Daten zu liefern und ihre Dominanz weiter zu stärken, emanzipieren sich die Ersten durch den Aufbau alternativer Systeme. Die einen bauen dabei eigene Plattformen etwa mit eigenen Zahlungssystemen oder Cloud-Speichern auf, um das Plattformökosystem zu dezentralisieren. Andere entwickeln mit Hilfe der Blockchain-Technologie Netzwerke, die bereits in sich selbst dezentral funktionieren, weil der Datenverkehr durch Ketten fließt, anstatt von mächtigen Hubs organisiert zu werden. Worum es dabei immer geht, ist die Abhängigkeit von den Oligopolisten zu beenden und Souveränität über Daten zurückzugewinnen. Für die Medienöffentlichkeit bedeutet das zudem: Die Souveränität über journalistische Inhalte und deren Verbreitung wiederzuerlangen. Das Ziel der Plattform Europa muss also sein, eine gesellschaftlich kontrollierte, europäische Öffentlichkeit zu schaffen, die Produzenten und Konsumenten gleichermaßen digitale Selbstbestimmung ermöglicht.

Doch zuallererst stellt sich natürlich die Frage: Warum sollten die Europäerinnen und Europäer eine solche Plattform tatsächlich nutzen wollen? Nicht wenige Versuche, eine öffentliche europäische Arena zu schaffen, sind gescheitert. Als prominentes Beispiel wurde die Nischenexistenz von Euronews im letzten Kapitel ausführlich beleuchtet. Ein neuer Versuch kann nur gelingen, wenn man aus den Fehlern der Vergangenheit lernt. Die vielleicht wichtigste Lehre aus dem Fall Euronews ist, dass ein Angebot nicht ohne die entsprechende Nachfrage erfolgreich sein kann. Der Sender war eine Idee von Eliten, man wollte das europäische CNN werden, vergaß dabei aber zu prüfen, wie groß der Bedarf unter den Menschen für einen derartigen europäischen Nachrichtensender ist. Die breite Masse hat offenbar nicht darauf gewartet. Ein entscheidender Fehler ist, dass solche Projekte aus einer Angebots-, weniger aus einer Nachfrageperspektive entwickelt werden. Das sollte bei jedem neuen Versuch, einen europäischen Kommunikationsraum zu schaffen, umgedreht werden: Als erstes müssen die Bürgerinnen und Bürger in der EU befragt werden, welche Angebote, welchen Mehrwert eine solche Plattform bieten müsste, damit sie diese in ihre Gewohnheiten aufnehmen. Eine zu erwartende Erkenntnis aus einer solchen Befragung wäre etwa: Nachrichten allein reichen nicht aus, es bräuchte genauso Entertainment, Shopping oder social networking. Das Gute an einer Plattform ist, dass sie zunächst einmal nur eine Struktur darstellt, mit der Menschen »tun können, was sie wollen«, wie es Dan Hill, ehemaliger Chef für Interaktivität und Technologie bei der BBC, formuliert. Ehemals voneinander getrennte Aktivitäten (Information, Shopping, Gaming etc.) werden in »one stop shops« zusammengeführt. Man kann also durchaus groß denken und von der Frage ausgehen, was die europäische Gesellschaft möchte und braucht. Im Gegensatz zur *top-down* Bauweise der Europäischen Union sollte die Plattform Europa *bottom-up* entwickelt werden. Hierbei lässt sich durchaus etwas von der Arbeitsweise der Tech-Branche lernen. Google hat für die Entwicklung neuer Produkte die Methode des »Product Design Sprints« erfunden. In fünf klar definierten Schritten gelangt man von einer Problemstellung zu einem Prototypen für die Problemlösung. Der erste Schritt lautet *verstehen*. Für die Plattform Europa heißt das, die Bedürfnisse der EU-Bürgerinnen und Bürger für einen gemeinsamen europäischen

Kommunikationsraum kennenzulernen. Das kann mit Hilfe von Meinungsforschung und öffentlichen Konsultationen organisiert werden.

Aus den Analysen der letzten Kapitel lässt sich aber immerhin schon einmal ein Grundgerüst formulieren, das aus empirischer und normativer Sicht für die Plattform Europa sinnvoll erscheint. Vier Eckpfeiler könnten das Fundament der Plattform bilden.

Erstens: Europa mangelt es an einer demokratischen Öffentlichkeit, in der zur gleichen Zeit die aktuellen Themen aus einer europäischen Perspektive diskutiert werden. Die Plattform Europa sollte daher mit Hilfe eines europäischen Newsrooms ein europäisches Nachrichtenangebot schaffen, dass die EU-Bürgerinnen und Bürger informiert und die EU-Institutionen kontrolliert.

Zweitens: In der Europäischen Union fehlt es an Beteiligungsmöglichkeiten für die Bürgerinnen und Bürger (Demokratiedefizit). Die Plattform Europa sollte folglich mit Instrumenten und Informationen *politisches Engagement* auf EU-Ebene fördern.

Drittens: Die Bürgerinnen und Bürger fühlen sich zwar Europa zugehörig, aber nicht untereinander zusammengehörig. Die Plattform Europa sollte deshalb die kulturelle Verbindung nicht nur durch die Abbildung von Vielfalt, sondern auch durch die Darstellung von »Einheit« in Form eines *European Way of Life* (zum Beispiel mit europäischen Serien-Produktionen) fördern.

Viertens: Europa muss durch konkrete Taten und Austausch für alle Bürgerinnen und Bürger spürbar und vor allem nützlich werden. Die Plattform Europa sollte deshalb *Apps* beherbergen, mit denen mehr Menschen von der europäischen Integration profitieren, ja Europa endlich durch Aktion und Interaktion ein Teil von ihnen wird. Mit dieser Basisausstattung könnte die Plattform Europa zur demokratischen Infrastruktur der Europäischen Union werden. Jedes dieser vier Elemente wird weiter unten in einem einzelnen Abschnitt noch ausführlich erläutert.

Um eines ganz klar zu sagen: Die Plattform Europa soll kein öffentlich finanziertes Facebook, YouTube oder Google werden. Solchen Platzhirschen den Rang abzulaufen, dürfte kaum gelingen. Selbst im Zuge des Cambridge Analytica-Skandals, als durch ein Datenleck über 80 Millionen Nutzerprofile gesammelt und für gezielte Wahlwerbung genutzt wurden, verlor Facebook kaum User. Versuche, die Menschen auf alternative soziale Netzwerke zu locken, schlugen allesamt fehl. Trotzdem kann es helfen, eine solch vielseitige Plattform wie Facebook als Gedankenstütze heranzuziehen, wenn man sich eine Vorstellung von der Plattform Europa machen will. Für die Praxis hieße das, man kann die Plattform Europa im Browser oder als App aufrufen. Die Startseite kann (aber muss nicht) durch ein eigenes Profil personalisiert werden, um bestimmte präferierte mediale, kulturelle oder politische Inhalte direkt angezeigt zu bekommen Natürlich gibt es Möglichkeiten zur Interaktion mit anderen Nutzerinnen und Nutzern. Und prinzipiell ist die Infrastruktur offen für »Apps« von Drittanbietern – sofern sie den gemeinwohlorientierten Kriterien der Plattform entsprechen.

Die Plattform Europa sollte im Browser unter »EUROPA.eu« erreichbar sein. Unter dieser Adresse öffnet sich heute die schrottreife »Offizielle Website der Europäischen Union« – uralt im Design, unmöglich in der Bedienung und in etwa so aktuell wie ein Jahresrückblick. Da sich die EU offenkundig auf die Webseiten ihrer einzelnen Institutionen anstatt auf eine übergeordnete EU-Seite konzentriert, sollte sie diese so eingängige Webadresse bereitwillig einem europäischen Kommunikationsraum überlassen. So könnte man der Plattform auch direkt den griffigen Name *EUROPA* geben. Schließlich buchstabiert sich unser Kontinent in den meisten offiziellen Sprachen der EU genauso.

EUROPA ALS PLATTFORMBETREIBER

Als nächstes stellt sich die Frage, wer das Ganze organisieren soll. Die EU-Institutionen kommen aufgrund des unbedingten Unabhängigkeitsgebots nicht in Frage. Es lohnt ein Blick in die Geschichte. Europa ist es auf einem anderen Markt schon einmal gelungen, sich von der Dominanz amerikanischer Unternehmen zu emanzipieren. Seit 1970 bauen Franzosen und Deutsche, mittlerweile mit der Beteiligung spanischer Luftfahrtfirmen, Flugzeuge der Marke Airbus. Im Gründungsjahr beherrschte Boeing noch 60 Prozent des Marktes der Flugzeugbauer, heute hat Airbus zu dem amerikanischen Unternehmen aufgeschlossen. Airbus ist das gerne zitierte Paradebeispiel, wenn es darum geht, Abhängigkeit von Amerika durch europäische Eigenständigkeit zu ersetzen. Bei digitalen Plattformen ist die Lage heute noch gravierender als 1970 auf dem Flugzeugmarkt: Die »Big Five« sind nicht nur Marktführer für ein Produkt, zu dem europäische Unternehmen durch Investitionen und Kooperationen eine konkurrenzfähige Alternative entwickeln könnten. Nein, fast jeder Knotenpunkt des heutigen digitalen Wirtschaftssystems ist mit den fünf US-Giganten verbunden. Europäische Konkurrenz muss also nicht nur ein besseres Produkt entwickeln, sondern vor allem eine erstklassige Infrastruktur, auf der digitale Inhalte und Güter verbreitet werden können. Auch wenn die Herausforderung im Digitalmarkt heute gänzlich anders als im Flugzeugmarkt von damals ist, lässt sich aus den 1970er-Jahren eine Sache lernen: Die Initiative kam von französischen und deutschen Firmen, nicht von den Institutionen der EU. Diese kamen später als Finanzier mit ins Spiel. Für einen gemeinsamen Kommunikationsraum sollte der Anstoß ebenfalls aus den EU-Ländern selbst kommen. Nicht zuletzt, weil der Medienbereich in die Kompetenz der Nationalstaaten fällt. Die EU hat hierbei – abgesehen von der Förderung audiovisueller Dienste – keine Befugnisse. Um eine ausreichende »EU-Ferne« sicherzustellen und nicht dem Verdacht der »EU-Propaganda« zu unterliegen, wäre die von den EU-Institutionen unabhängige Europäische Rundfunkunion (EBU) ein geeigneter Rahmen für die Realisierung der Plattform. Die EBU ist ein Zusammenschluss von 72 Rundfunkanstalten aus Europa und über die EU hinaus. Unverwechselbar ist die Erkennungsmelodie der EBU-Sendungen, die Eurovision-Fanfaren mit einem Motiv aus dem Präludium zum »Te Deum« des französischen Komponisten Marc-Antoine Charpentier. Premiere feierte die EBU im Jahre 1953, als sie ihren Mitgliedssendern das Signal von der Krönung von Königin Elisabeth II. aus der Westminster Abbey zur Verfügung stellte. Es war die erste international ausgestrahlte Livesendung. Seit 1956 übertragt die EBU den Eurovision Songcontest. 2014 produzierte sie das erste TV-Duell europäischer Spitzenkandidaten zu den Europawahlen. Organisatorisch ist die EBU ein loses Netzwerk von Sendern. Sie kann im Grunde tun und lassen, was sie möchte. Das macht sie zum perfekten Ausgangspunkt für die *Plattform EUROPA*.

Die EBU ist auch deshalb ein geeigneter Rahmen für die Entwicklung eines europäischen Kommunikationsraums, weil hier die öffentlich-rechtlichen Sender aller EU-Länder an einem Tisch sitzen. Sie sind die logischen Zugpferde für *EUROPA*, weil sie seit jeher mit einem öffentlichen Auftrag in ihren Ländern tätig sind. Zudem teilen sie die gleichen Grundwerte, sie entspringen einer europäischen Rundfunkidee, deren wichtigste Säulen Unabhängigkeit, Pluralismus und Gemeinwohl sind. Gerade diese Prinzipien sind in einigen europäischen Ländern in den letzten Jahren massiv unter Beschuss geraten. Es sind jene Akteure, die Europa auch insgesamt ins Visier genommen haben, die mit der Abrissbirne auf die Grundwerte des Rundfunks zielen. In Polen tauschte die regierende PiS-Partei Hunderte Mitarbeitende aus und benannte die Medien offiziell in »nationale Kulturinstitute« um. Der Chef des Senders wird nach dem neuen Mediengesetz von 2015 von der Parlamentsmehrheit bestimmt. Der Wachhund der polnischen Demokratie wurde somit zum Schoßhund der rechtskonservativen Regierung. In Ungarn hat Viktor Orbán den Sendern ebenfalls ihre Unabhängigkeit geraubt und sie zu einem Staatsfunk umgebaut. Regierungskritische Medien mussten unterdessen reihenweise schließen oder wurden von Orbàns Vertrauten übernommen. Kritik an der Regierung gilt in Ungarn mittlerweile als Landesverrat, beklagen Journalisten. In Italien setzte Innenminister Matteo Salvini im September 2018 den umstrittenen Medienmanager Marcello Foa an die Spitze von RAI. Foa ist mit Trumps ehemaligem Chefstrategen Steve Bannon verbunden. Auf dessen Blog verbreitet er Verschwörungstheorien. Österreichs Vizekanzler Heinz-Christian Strache nennt den ORF »einen Ort, an dem Lügen zu Nachrichten werden«. Norbert Steger, FPÖ-Vertreter im Kontrollgremium des ORF forderte die Entlassung von Korrespondenten, die zu kritisch über Viktor Orbán berichten. In Dänemark hat die rechtspopulistische Volkspartei im März 2018 durchgesetzt, dass das Budget des Rundfunks um 20 Prozent gekürzt und in Zukunft über Steuern statt Gebühren generiert wird. Da Steuern im Gegensatz zu Gebühren ein politisches Instrument sind, über deren Erlöse jede Regierung neu verfügen kann, bedroht dieser Modellwechsel die Unabhängigkeit des Senders.

Auch in anderen Ländern stehen die öffentlichen Medien unter Druck. In Deutschland diffamiert die AfD am laufenden Band die öffentlich-rechtlichen Rundfunkanstalten, will die Rundfunkgebühren abschaffen und stattdessen ein freiwilliges Bezahlmodell einführen. In Rumänien, Bulgarien oder Griechenland wiederum hat der Rundfunk zu wenig Geld, um seinen Auftrag angemessen zu erfüllen. Was aus all dem folgt? Die Öffentlich-rechtlichen in Europa haben heute massive Probleme, ihre Informations- und Kontrollfunktion in der Demokratie zu erfüllen. Rufe nach einem europäischen Schulterschluss kommen daher mittlerweile auch schon von den Sendern selbst: Die rbb-Intendantin Patricia Schlesinger forderte im März 2018 in ihrem FAZ-Gastbeitrag »Vereinigt euch!« einen »europäischen Gesellschaftsvertrag über den Rundfunk und seine Funktion im digitalen Zeitalter«. Ihr Kollege vom Bayerischen Rundfunk, Ulrich Wilhelm, fuhr ganz im »Airbus-Spirit« im Juni 2018 nach Paris, um für ein »europäisches YouTube« zu werben. Seine Ansprechpartner bei France Télévisions zeigten sich dafür durchaus offen.

Die EBU sollte also die Keimzelle von *EUROPA* werden. Die

willigen Länder machen mit. Die Beteiligung von Sendern, die von illiberalen Regierungen vereinnahmt wurden, ist unwahrscheinlich. Das Angebot muss daher von vornherein für ganz Europa und multilingual sein. Es ist die zentrale Stärke der digitalen Kommunikation, dass sie die Vermittlung von Informationen losgelöst von nationalen Mediensystemen ermöglicht. *EUROPA* würde unabhängige Informationen dahin zurückbringen, wo sie bereits abgeschafft wurden oder bedroht sind. Das betrifft nicht nur Polen und Ungarn: Auf Malta und in der Slowakei wurden mit Daphne Caruana Galizia und Jan Kuciak in den letzten Jahren investigative Journalistinnen und Journalisten ermordet, die zur Veruntreuung von EU-Fördergeldern und Steuervermeidung recherchiert haben. Solche Taten sind Angriffe auf die Pressefreiheit. Und sie mehren sich. 2018 kam *Reporter ohne Grenzen* zu der Einschätzung: »In keiner anderen Weltregion hat sich die Lage der Pressefreiheit im vergangenen Jahr so stark verschlechtert wie in Europa.« Hinzu kommt der starke ökonomische Druck, der an vielen Orten zu einer stärkeren Medienkonzentration mittels Übernahmen, Zusammenlegungen und Kürzungen geführt hat.

Die Plattform Europa würde die Meinungs- und Pressefreiheit auf europäischer Ebene garantieren, auch wenn sie im nationalen Rahmen eingeschränkt oder bedroht ist. Sie hilft Europa dabei, seine gemeinsamen Werte unabhängig von nationalen Regierungsmehrheiten durchzusetzen. Denn man sollte nicht vergessen: Ungarn ist nicht Orbán und Polen nicht Kaczyński. Die Zustimmung zur EU ist in diesen Ländern weiterhin hoch, es gibt Massendemonstrationen auf den Straßen gegen illiberale Gesetze. Für diesen Widerstand spielen digitale Kanäle eine große Rolle, die »Czarny Proteste« in Polen oder regierungskritische Nachrichten in Ungarn wären ohne das Netz kaum möglich. Als zu Zeiten des Arabischen Frühlings teils berechtigte, teils übertriebene Loblieder auf die demokratische Nützlichkeit des Netzes gesungen wurden, hätte wohl kaum einer gedacht, dass es in nicht allzu langer Zeit auch in EU-Ländern zum wichtigsten Informations- und Organisationsinstrument demokratischer Kräfte gegen autoritäre Regierungen werden könnte. Heute ist das in Europa Realität.

Es stellen sich eine Reihe weiterer Fragen hinsichtlich Finanzierung, Governance, Partnerschaften, Inhalten und Sprachen – um nur die offensichtlichsten Aspekte aufzuzählen. Bevor auf einige dieser Punkte eingegangen werden soll, sei eines vorab gesagt: Wenn die Analysen aus den bisherigen Ausführungen dieses Buches weitestgehend zutreffen, dann können die Kosten für die Schaffung eines europäischen Kommunikationsraums den Nutzen für die europäische Integration kaum übertreffen. Ohne eine europäische Öffentlichkeit ist eine europäische Demokratie unmöglich. Eine Reformbehäbigkeit des Rundfunks, wie man sie aufgrund der Bund-Länder-Struktur aus Deutschland kennt, darf für die Schaffung der Plattform Europa kein Modus Operandi sein. Das europäische Haus braucht ein Fundament, ehe es in Trümmern zusammenbricht. Die gute Nachricht ist, dass schnelles Handeln durchaus möglich ist. Schließlich geht es bei der Plattform Europa nicht um eine Ersetzung von nationalen durch europäische Medien, auch sind keine Einstimmigkeitsentscheidungen im Europäischen Rat erforderlich. Es braucht allein die Zusammenarbeit nationaler Rundfunkanstalten für eine gemeinsame postnationale Struktur. Das ist vornehmlich eine Frage des Willens. Für die Finanzierung der Plattform sollte man eine zusätzliche Gebühr für die Bürgerinnen und Bürger zunächst ausschließen. Eine solche wäre schwer vermittelbar und auch nicht nötig. Ein Teil des Budgets könnte einer Digitalsteuer entspringen, die private Plattformbetreiber auf ihre Umsätze in der EU zu zahlen hätten. Bisher konnten sich Google, Amazon oder Facebook in Europa um ihre fairen Steuerbeiträge drücken. Dank des digitalen Wesens ihrer Produkte versteuern sie Gewinne nicht in dem Land, wo sie gemacht werden, sondern in dem Land mit dem niedrigsten Steuersatz. Für ihren Vorschlag für eine solche Digitalsteuer hat die EU-Kommission im März 2018 ermittelt, dass diese Digitalunternehmen in der EU durchschnittlich nur 9,5 Prozent Steuern zahlen. Vergleichbare traditionelle Unternehmen zahlen 23,2 Prozent. Damit durch die Steuerfinanzierung der Plattform Europa aber keine politische Abhängigkeit zur EU-Kommission entsteht, müsste dieser Teil der Steuereinnahmen zweckgebunden sein. Ein weiterer Teil des Budgets könnte aus der Haushaltslinie »Multimedia Actions« der EU-Kommission kommen. Die Plattform Europa passt vorzüglich zum Ziel dieses EU-Topfs, die Verbreitung von »Informationen über europäische Themen über lokale und nationale Blickwinkel hinaus« zu fördern. Ein dritter Teil für die Finanzierung könnte daraus gewonnen werden, dass die Plattform ihre Infrastruktur auch kommerziellen Anbietern zur Verfügung stellt. Interessant wäre das etwa für Verlage, die ebenfalls unter der Abhängigkeit von Facebook und Co. leiden. Kooperationen zwischen öffentlichen und privaten Medienanbietern sind allerdings stets kontrovers. Manche Experten meinen, man müsse aufgrund ihrer unterschiedlichen gesellschaftlichen Funktion auf einer strikten Trennung beharren. Andere sehen wettbewerbsrechtliche Grenzen. Die Plattform Europa könnte diesen Bedenken entgegenwirken, indem sie voll und ganz in öffentlichem Besitz ist, aber von privaten Mitbewerbern gegen eine »Konzessionsabgabe« genutzt werden kann. Privaten Anbietern müsste es dann im Gegenzug möglich sein, Werbeeinnahmen zu erzielen, damit sie sich ihrerseits finanzieren können. Es ist auch deshalb sinnvoll, private Medien auf die Plattform einzuladen, weil sie in Ländern wie Polen oder Ungarn heutzutage viel eher eine objektive Informationsquelle sind als die Öffentlich-rechtlichen. Über die Plattform hätten sie einen alternativen Verbreitungsweg, könnten notfalls aus dem EU-Exil arbeiten, sofern eine Redaktion vor Ort dem Druck der Regierung weichen muss. Eine vierte Finanzierungsquelle könnte Werbung sein, ohne dabei jedoch Nutzerinnen und Nutzer auf Basis ihres Plattformverhaltens mit personalisierten Anzeigen zu bespielen. Auch die beteiligten nationalen Rundfunkanstalten sollten einen Teil zum Budget beitragen. Schließlich würden sie von der europäischen Struktur ebenfalls profitieren, indem sie die Arbeit einer »europäischen Redaktion« für ihre Programme verwenden und somit Kosten an anderer Stelle einsparen.

Unabhängigkeit und Vielfalt sollten die Leitprinzipien der Plattform sein. Ein Vorstand könnte von den beteiligten Rundfunkanstalten (der »Mitgliederversammlung«) gewählt werden. Er würde die Umsetzung von Jahresplänen und Zielsetzungen verantworten. Ein Gremium, das die europäische Gesellschaft möglichst repräsentativ durch Verbände – aber auch durch per Los bestimmte Bürgerinnen und Bürger – abbildet, würde die Erfüllung des europäischen Gemeinwohlauftrags kontrollieren. Im Operativen, also der Organisation des Plattformbetriebs, erscheint ein Mix zwischen zentraler und dezentraler Produktion von Inhalten sowie zentralisiertem Management der Infrastruktur sinnvoll. Klar ist auch, dass eine europäische Redaktion, die Inhalte für die Plattform produziert, vollständige redaktionelle Unabhängigkeit genießen muss. Nur so kann sichergestellt werden, dass die europäischen Werte des Rundfunks auch unabhängig von nationalen Stakeholdern durchgesetzt werden. Nur so kann Europa nationale Filterblasen zum Platzen bringen und ein europäisches Gemeinwohl zum Bewertungsmaßstab von Politik machen.

In den nächsten Abschnitten widmen wir uns den inhaltlichen Eckpfeilern von *EUROPA*. Vorangestellt sei noch eine Bemerkung zu den Sprachen auf der Plattform. Der französische Philosoph Etienne Balibar sagte einst, die Sprache Europas sei die Übersetzung. Er hatte Recht, hat sich doch selbst in den EU-Institutionen keine *lingua franca* durchgesetzt. Erst 52 Prozent der EU-Bürgerinnen und Bürger sprechen eine Fremdsprache, meist Englisch. Übersetzung muss deshalb die Sprache der Plattform Europa sein. Es ist keine Option, eine der 24 offiziellen EU-Sprachen in einem europäischen Kommunikationsraum auszulassen. Künstliche Intelligenz kann mittlerweile das Übersetzen von Texten deutlich effizienter und günstiger machen. Schon heute ist es möglich, dass Menschen miteinander chatten oder gar sprechen, ohne dabei dieselbe Sprache zu verwenden. Darauf wird im Folgenden noch näher eingegangen. Gerade weil ein fester Kooperationspartner aus Ländern fehlen kann, in denen die Medien nicht mehr unabhängig sind, ist es immens wichtig, dass die Inhalte auch in diesen Sprachen verfügbar sind. Mehr noch, die Lösung des Problems der Sprachbarrieren kann das Alleinstellungsmerkmal der Plattform Europa werden. Damit kann sie sich von anderen Plattformen absetzen, für die Sprache bisher kein kritischer Faktor für den »business case« war. Dazu müsste aber in diesen Bereich investiert werden. Entsprechende Lösungen stehen heute im »Labor« bereit, sie praxistauglich zu machen, wäre eine Aufgabe des europäischen Plattformprojekts.

EUROPÄISCHER NEWSROOM

Auf der Plattform Europa wird mit einem europäischen Newsroom ein Wachhund der europäischen Demokratie geboren. Dieser Wachhund muss laut bellen, wenn Regierungschefs nur im nationalen Interesse und gegen das europäische Gemeinwohl handeln, wenn populistische Nationalisten ein Recht des Stärkeren über die Stärke des Rechts stellen, wenn Parteien ihre Mitverantwortung auf »die EU« abschieben, wenn Populisten die Wertegemeinschaft zur Zweckgemeinschaft umdeuten, wenn Vorurteile gegen andere Mitgliedsländer geschürt oder wenn Entscheidungen intransparent und ohne öffentliche Debatte im Hinterzimmer getroffen werden. Ja, es gibt sehr viel zu tun für einen europäischen Journalismus. Dazu gehört zuvorderst eine hochwertige und umfassende Berichterstattung über anstehende und getroffene Entscheidungen der EU-Institutionen, die das Leben aller EU-Bürgerinnen und Bürger berühren, gerade dann, wenn sie konfliktträchtig sind. Die demokratische Öffentlichkeit, die dadurch entstehen würde, wäre zugleich Kontroll- und Legitimationsrahmen für europäische Politik. Der Diskurs würde eine Wissensordnung herstellen, in der Europa domestiziert, die EU eine Gesellschaft statt ein Projekt, das »Wir« europäisch statt nur national ist.

Die Kriterien, an denen sich ein europäisches Nachrichtenangebot orientieren sollte, leiten sich aus den heutigen Defiziten der nationalen EU-Berichterstattung und aus den digitalen Herausforderungen für Qualitätsmedien ab: Unabhängigkeit, Glaubwürdigkeit, Diversität und Pluralismus. Gehen wir diese Punkte der Reihe nach durch.

Die *Unabhängigkeit* von Journalisten steht im Zentrum des gegenwärtigen Medienmisstrauens in Europa. In der EU sind 60 Prozent der Bürgerinnen und Bürger der Auffassung, dass ihr nationaler Rundfunk nicht frei von politischer Einflussnahme berichtet. Freilich hat das mit ganz unterschiedlichen Gegebenheiten zu tun. In Ungarn und Polen sind es vor allem die Wählerinnen und Wähler der liberaleren Opposition, bei denen das Medienvertrauen nach der Vereinnahmung durch die Regierung erodiert ist. In Deutschland sind es hingegen die Anhänger der rechtspopulistischen Opposition, die die öffentlich-rechtlichen Medien als Sprachrohr der verhassten, regierenden Eliten sehen. Ganz so, wie es die Partei vertritt. Das zeigt, dass die Frage nach der Unterstützung der »vierten Gewalt« in gewisser Weise auch eine Frage der Parteiprogrammatik ist, die Frage nach dem Medienvertrauen dementsprechend eine Frage der Parteizugehörigkeit geworden. Ein europäisches Nachrichtenangebot hat den Vorteil, dass es über nationalen Parteikonflikten steht und nicht in den Verdacht gerät, Sprachrohr einer Regierung zu sein. Wahrscheinlich würde eher der Vorwurf der »EU-Propaganda« laut werden. Dagegen muss sich *EUROPA* durch eine klare und transparente Governance-Struktur wappnen. Ein Kontrollgremium muss zudem die Vielfalt der europäischen Bürgergesellschaft abbilden. Abmachungen wie zwischen Euronews und der EU über einen bestimmten Sendeumfang über die EU-Institutionen sind keine Option. Im Gegenteil, Journalismus auf der Plattform Europa muss ein derart wachsamer Wachhund sein, dass mangelnde Transparenz, Integrität und Ethik im Verhalten europäischer Politikerinnen und Politiker zum akuten Jobrisiko werden.

Die Unabhängigkeit von Nachrichten ist ein wichtiger Faktor

für ihre *Glaubwürdigkeit.* Angesichts der Flut digitaler Desinformation muss die Plattform Europa zum sicheren Hafen für glaubhafte Nachrichten werden. Meinungsumfragen zeigen, dass für die Europäerinnen und Europäer das Internet die zweitwichtigste Informationsquelle in europäischen Angelegenheiten ist. Gleichzeitig haben über die Hälfte von ihnen Schwierigkeiten, zwischen Fakten und Fiktion auf digitalen Kanälen zu unterscheiden. Faktentreue ist eine notwendige, aber noch keine hinreichende Bedingung für die Glaubwürdigkeit von Medien. Sie sollten auch Transparenz über redaktionelle Entscheidungen schaffen, also erklären, warum sie über ein bestimmtes Thema berichten, über ein anderes jedoch nicht. Offenheit hinsichtlich der eigenen Recherchemethoden kann Journalismus nachvollziehbar machen, eine proaktive Fehlerkultur schafft mehr Wirklichkeitsnähe und ein selbstbewusster Umgang mit den eigenen Limitierungen, etwa im Spannungsverhältnis von Schnelligkeit und Sorgfältigkeit, eine höhere Qualität. Dazu muss sich der Journalismus allerdings erklären. Manche Medien machen das im Lichte der andauernden »Krise der Information« beispielsweise mit Transparenz-Blogs. Personelle *Diversität* im Newsroom von *EUROPA* soll die nationalen Filterblasen zum Platzen bringen. Dazu braucht es eine Redaktion mit einem konsequent europäischen Team, das gemeinsam einen paneuropäischen Blick auf die wichtigen Themen nehmen kann. Der Newsroom braucht keine fixe, eher eine flexible Quote für die Nationalität der Mitarbeitenden. Ein Mindestmaß an Repräsentation aller EU-Mitglieder sollte immer vorhanden sein. Stehen manche Länder zu bestimmten Zeiten besonders im Fokus der EU-Politik (wie einst Griechenland oder derzeit Ungarn), sollte auch mehr Personal mit Kenntnis über diese Länder eingestellt werden. Wie groß der Mehrwert von europäischen Teams ist, zeigt das Recherche-Netzwerk »Investigate Europe«. Dieser grenzüberschreitende Zusammenschluss von investigativen Journalistinnen und Journalisten recherchiert gemeinsam und veröffentlicht dann separat, aber zeitgleich, in 27 Ländern. Nach der Gründung im Jahr 2017 deckte das Netzwerk unter anderem auf, wie sich die Verwaltungen von EU-Staaten mit ihrer IT-Struktur in eine folgenreiche Abhängigkeit zu Microsoft begeben haben. In einer anderen Recherche stellten sie dar, wie durch die Arbeitsmodelle von Plattformen wie Deliveroo oder Amazon ein neues europäisches Prekariat entstanden ist. Solche Recherchen zeichnen das ganze europäische Bild eines Problems, nicht nur ein nationales Puzzleteil. Sie verdeutlichen, dass Probleme, die nicht an der nationalen Grenze Halt machen, auch nur grenzübergreifend gelöst werden können.

Damit in der europäischen Debatte ähnlich wie im nationalen Rahmen alle relevanten Stimmen zur Geltung kommen, braucht es genügend *Pluralismus* hinsichtlich der Akteure der Berichterstattung. Heute kommen in europapolitischen Berichten vornehmlich nationale Politikerinnen und Politiker und Repräsentanten von EU-Institutionen vor. Debatten auf nationaler Ebene weisen eine deutlich höhere Vielfalt von Akteuren auf. Dort kommen ganz natürlich auch die Stimmen von Gewerkschaften vor, von Unternehmern, Universitäten, Think Tanks, Verbänden, NGOs und einzelnen Bürgerinnen und Bürgern. Diese Vielfalt an Stimmen muss auch Normalität in einer europäischen Berichterstattung werden. Das würde – als positiver Nebeneffekt – der Herausbildung einer europäischen Zivilgesellschaft Auftrieb geben, denn Zivilgesellschaft übt klassischerweise über die Öffentlichkeit Einfluss aus. Bilder von Demonstrationen vor der EU-Kommission sind dem Nachrichtenpublikum in Europa heute noch fremd. Die Schaffung einer europäischen Öffentlichkeit bedeutet die Schaffung eines Resonanzraumes für die Zivilgesellschaft.

Nun zur praktischen Umsetzung des europäischen Nachrichtenangebots. Da beim Nachrichtenkonsum der Europäerinnen und Europäer immer noch »Fernsehen first« gilt, sollte das Informationsangebot von *EUROPA* im Kern aus einem 24-Stunden Video-Stream (wie tagesschau24 oder France 24) bestehen. Zusätzlich sollten textbasierte Inhalte zu den wichtigsten aktuellen Themen angeboten werden. In allen Sprachen, aber mit den gleichen Inhalten. Die Texte werden nicht nur im Newsroom produziert, sondern auch von Partnern wie El Pais, Gazeta Wyborcza, Le Monde oder Süddeutsche Zeitung geliefert – ein entsprechendes Erlösmodell für die Verlage (etwa per Werbung) inbegriffen. Im News-Channel laufen dann nicht nur Nachrichten, sondern auch europäische Talkshows, investigative Magazine, Dokumentationen oder Live-Übertragungen wichtiger Debatten im EU-Parlament oder nationalen Parlamenten. Die Gestaltung der Sendungen sollte sich an den erfolgreichsten Shows des Kontinents orientieren. So sollte ein Talkshow-Format nicht etwa die drögen Runden deutscher Sender imitieren, sondern sich eher an der interaktiven Sendung »Question Time« der BBC orientieren, die 2017 durchschnittlich 2,7 Millionen Zuschauer anlockte. Diese Sendung findet jede Woche in einer anderen britischen Stadt statt und wird von den Fragen des Publikums geleitet. Man stelle sich eine europäische »Question Time«, die quer durch Europa wandert, an einem konkreten Beispiel vor: Nach der Einigung über das dritte Griechenland-Programm am 12. Juli 2015 setzen sich die damaligen Finanzminister Wolfgang Schäuble und Yannis Varoufakis zusammen in ein Studio in Athen und beantworten die Fragen des Publikums. Oder in einer Sendung in München sprechen die Innenminister aus Deutschland, Österreich, Niederlande und Tschechien über das Thema PKW-Maut. Talkshows werden manchmal als »Ersatz-Parlament« bezeichnet. Das können und sollen sie niemals sein, aber sie können zur besseren Erklärung und Rechtfertigung, also auch zur Legitimation von Politik in der Öffentlichkeit beitragen. Das geht am besten, wenn die Zuschauer selber mitreden dürfen und Politikerinnen und Politiker nicht nur unter sich talken. In einer solchen Sendung müsste die Sprache Europas gesprochen werden, das heißt Simultanübersetzung. Genauso, und zwar erstaunlich gut, funktionieren auch die Debatten im Europaparlament. Auch das Nachrichtenprogramm auf der Plattform Europa muss in 24 Sprachen moderiert und Beiträge multilingual vertont werden. Bei Textbeiträgen kann Künstliche Intelligenz heutzutage sehr viel Arbeit abnehmen. Neuronale

Netzwerke lernen – wie ein menschliches Gehirn – bei jeder Übersetzung dazu. Die Qualität der Übersetzungen verbessert sich mit jeder weiteren Übersetzung. Die Qualität der Übersetzungsanwendungen, die mit Künstlicher Intelligenz arbeiten, ist heute erstaunlich hoch. Das heißt, im Newsroom von *EUROPA* übernimmt eine Maschine die erste Übersetzung des Textes. Das Ergebnis muss von Muttersprachlern anschließend korrigiert werden. Durch diese Mensch-Maschinen-Kooperation kann ein Großteil der Übersetzungsarbeit automatisiert werden. Im Stile eines Textchefs, wie es ihn in jeder monolingualen Redaktion gibt, muss eine Person dem Text nur noch den letzten Schliff geben. Und ein solches Verfahren wäre nur die Brücke zu noch deutlich effizienteren Lösungen. Die Entwicklung automatisierter Übersetzung hat mittlerweile ein Level erreicht, auf dem selbst Stimmen in Echtzeit übersetzt werden können. Das hieße für eine Nachrichtensendung, eine Person moderiert in einer Sprache, ausgestrahlt wird die Sendung live in 24 Sprachen. Es wäre im Interesse der europäischen Demokratie, wenn die EU in die Perfektionierung dieser Übersetzungstechnologien investieren würde. Die Plattform Europa wäre der erste große Abnehmer solcher innovativen Lösungen.

Maschinen können auch an weiteren Stellen der Medienproduktion zum Einsatz kommen. Texte lassen sich mittlerweile in annehmbarer Qualität von Maschinen aufsagen. POLITICO vertont mit dieser Methode schon heute seinen täglichen Newsletter, sodass sich dieser nicht nur lesen, sondern auch hören lässt.

Die Chancen der Übersetzungen sollten auch ein Anreiz für die beteiligten nationalen Sender sein, denn die Technologie ließe sich auch auf Recherchen und die Produktion von Inhalten übertragen. Vereinfacht gesagt könnte die *EUROPA*-Redaktion das Brüsseler Korrespondententeam der nationalen Sender werden. Jedenfalls was die herkömmlichen Nachrichtenbeiträge angeht. Kommentare, längere Interviews oder Reportagen können und sollten auch weiterhin einen nationalen Blickwinkel haben. Gleichzeitig könnten die Redaktionen der nationalen Sender das Korrespondentennetz von *EUROPA* werden. Wenn zum Beispiel RAI einen Beitrag über ankommende Flüchtlinge auf Lampedusa produziert, sollte dieser unbedingt der Plattform und allen anderen nationalen Sendern in einem »content pool« zur Verfügung gestellt werden. Denn eine zentrale Idee der Plattform ist, Themen von der abstrakten Brüsseler Ebene auf die Stufe erfahrbarer regionaler Phänomene zu holen. Aus diesem Grund ist auch die Verknüpfung von regionalen Programmen wie den »Dritten« in Deutschland mit der Plattform Europa immens wichtig. Bei den öffentlich-rechtlichen Medienmachern in Deutschland bekommt man öfters den Eindruck, dass sie rigoros regional denken, ohne eine ausgleichende europäische Perspektive einzunehmen. Die enge Verzahnung von regionaler und europäischer Ebene in der Politik sollte in den Medien nachvollzogen werden. Heute scheint es so, als wären die Strukturen der Medien beim inländischen Mehrebensystem stehengeblieben. Mit den grenzüberschreitenden Ressourcen von *EUROPA* ließe sich das ändern: Die »Dritten« könnten sich etwa dazu verpflichten, 30 Prozent ihrer Inhalte einer europäischen Perspektive zu widmen. Wie das in das Programmkonzept von Heimatfilm, Regionalnachrichten und Landschafts-Doku passen soll? Zum Beispiel so, dass der NDR in einem Bericht über die Herausforderungen der Landwirtschaft nicht nur die Lage im Landkreis Osnabrück schildert, sondern auch in dessen Partner-Landkreis Walcz im Nordwesten Polens oder indem der SWR eine Kochshow mit *CanalSur* aus Andalusien und anderen Regionalsendern produziert.

EUROPEAN WAY OF LIFE

»Europa ist in Gefahr, die digitale Hoheit über sein kulturelles Erbe zu verlieren.« Ulrich Wilhelm, Intendant des Bayerischen Rundfunks, sagte diesen Satz am 12. Juni 2018 in einem Interview mit Le Monde. Das war ein Tag, bevor er in Paris seinen Vorschlag für ein »europäisches YouTube« vorstellte. Nach Wilhelms charmanter Idee sollen öffentlich-rechtliche Medien, private Sender, Verlage, aber auch Institutionen aus Wissenschaft und Kultur wie Universitäten, Theater, Museen ihre Inhalte in einem gemeinsamen Portal anbieten. Das soll zunächst als französisch-deutsche Kooperation starten und später auf weitere EU-Länder ausgedehnt werden. Praktisch muss man sich das so vorstellen: In einer Art Mediathek können Zuschauer Dokumentationen, Serien, Podcasts, Theaterstücke oder Universitätsvorlesungen aus den verschiedenen Ländern abrufen. Das ist in etwa eine Europäisierung und »Plattformisierung« des ARTE-Gedankens. Dass Wilhelms Idee in Frankreich auf Wohlwollen stieß, verwundert nicht. Tatsächlich denkt man auch in Frankreich in ähnlichen Bahnen. Emmanuel Macron schlug in seinem Wahlkampfprogramm 2016 ein »europäisches Netflix« vor, welches »das Beste des europäischen Kinos und der europäischen Serien« anbieten soll. Mittlerweile gibt es schon eine Vereinbarung zwischen dem ZDF, France Télévisions, RAI, dem spanischen RTVE sowie RTBF und VRT aus Belgien über die gemeinsame Produktion von Serien. Bei dem europäischen Serienfestival »Séries Mania« im Mai 2018 in Lille verkündete Delphine Ernotte, Präsidentin von France Télévisions, dass drei Drehbücher für diese Kooperation bereits feststehen würden: Die Serie »Leonardo« zum 500. Todestag von Leonardo da Vinci im Jahr 2019, die in Dubai angesiedelte Spionageserie »Mirage« sowie die historische Krimiserie »Eternal City«, die in Roms Filmszene der 1960er-Jahre spielt.

Wilhelms, Macrons und Ernottes Vorschläge scheinen auf den ersten Blick richtig, weil die Europäerinnen und Europäer die Kultur als das wichtigste Bindeglied zwischen den EU-Ländern sehen: In der Eurobarometer-Umfrage sagte Anfang 2018 die Mehrheit, dass »die Kultur« am meisten dazu beitragen könne, ein Gemeinschaftsgefühl unter den EU-Bürgerinnen und Bürger zu erzeugen. Dieser Befund ist von Bedeutung, denn er gibt einen Hinweis darauf, wie man den Graben zwischen dem Zugehörigkeitsgefühl und dem Zusammengehörigkeitsgefühl in Europa schließen könnte. Das Gefühl von Zugehörigkeit fußt, wie im letzten Kapitel beschrieben, auf einem nationalen Nutzen von Europa. Man möchte dabei sein, weil Europa einem hilft, ein eigenes Ideal zu verwirklichen. Zusammengehörigkeit beinhaltet allerdings mehr, etwa die Entdeckung von Gemeinsamkeiten, die Anerkennung der Gemeinschaft und damit auch die Bereitschaft zur Solidarität untereinander. Macrons, Ernottes und Wilhelms Vorschläge basieren auf dem europäischen Vielfaltsgedanken. Nationale Kulturgüter sollen europaweit zur Verfügung gestellt werden. Der europäische Kitt soll über die Präsentation verschiedener, wenn auch teilweise sich ähnelnder, nationaler Kulturen geschaffen werden. Ich behaupte aber, dass das allein nicht reicht. Gemeinsamkeit braucht das Gemeinsame. Es geht nicht um eine Homogenisierung europäischer Kultur, aber die Vielfalt sollte um eine Form der »Einheit« ergänzt werden. Eine Serie über Roms Filmszene kann zweifelsohne unterhaltsam sein, aber hilft den Europäerinnen und Europäer wenig bei der Imagination der europäischen Gemeinschaft. In einem solchen Plot gibt es kein europäisches »Wir«. Deshalb müsste *EUROPA* auch andere Geschichten erzählen. Es könnte eine Serie über Erasmus-Studierende sein, ein »House of Cards« in Brüssel, eine Seifenopfer über das Leben in einer EU-Grenzregion, ein Kinderfilm aus Straßburg, eine Kochshow mit europäischen Fusions-Gerichten, eine Game-Show mit europäischen Mitspielerinnen und Mitspielern, eine Reality-Show von einer Interrail-Fahrt. Geschichten und Formate, die das Leben in der europäischen Gemeinschaft repräsentieren.

Eine Lücke sollte das Angebot auf der Plattform Europa insbesondere in dem Genre europäischer »Fiktion« (Serien, Filme, Cartoons etc.) schließen. Geschichten spielen für das Entstehen einer »imagined community« eine besondere Rolle. Denn sie produzieren Identifikationsflächen mittels der dargestellten Personen, Identitäten, Orte, Werte, Emotionen und Sehnsüchte. Eine Studie des European Audiovisual Observatory aus dem Jahr 2015 zeigt, dass knapp 60 Prozent dieses Genres bei europäischen TV-Sendern auf nicht-europäische Produktionen entfallen. Diese 60 Prozent sind vornehmlich US-amerikanische Produktionen. Bei den Privatsendern liegt dieser Anteil sogar bei über 70 Prozent. Die restlichen 30 beziehungsweise 40 Prozent sind in erster Linie nationale Produktionen. Nur ein verschwindend geringer Anteil entfällt auf Sendungen aus einem anderen EU-Land, etwa die in Deutschland so beliebten skandinavischen Krimis. Das europäische Fiktion-Genre kommt im europäischen Fernsehen also kaum vor – und wenn, dann dominieren Produktionen aus Großbritannien, Frankreich und Deutschland. Serien aus Osteuropa erreichen den westlichen Teil der Union nicht. Die Plattform Europa sollte die innergemeinschaftliche Verbreitung von europäischen Serien und Filmen steigern. Aber nicht nur das: Sie sollte insbesondere auch Ko-Produktionen mehrerer EU-Länder fördern. Deren Anteil lag 2015 nur bei acht Prozent aller europäischen Produktionen. Das heißt unterm Strich: Das Material, das die Europäerinnen und Europäer zur Sinngebung über die Welt bekommen, ist weiterhin weitestgehend amerikanisch und nur sehr selten europäisch. Anders gesagt, wir erfahren mehr über High-School-Kids als über Erasmus-Studierende. Das fördert eher die Orientierung an einem amerikanischen Lifestyle als an einer europäischen Lebensart. Moderne kulturelle Ausdrucksformen für europäische Werte, für einen *European Way of Life* gibt es kaum. Hier gilt es, anzusetzen. Gerade auch weniger mobilen Menschen könnte durch europäische Co-Produktionen eine Vorstellung von europäischer Gemeinsamkeit vermittelt werden. Etwas, was sie im Alltag wahrscheinlich nur schwer erleben können.

Die Erfahrbarkeit und das Profitieren von der europäischen Integration sollte auf der Plattform Europa ganz grundlegend neu gedacht werden. Bis heute ist dies den Eliten vorbehalten, die für den Job mit dem Thalys von Brüssel nach Paris oder für ihre Beziehung mit Easyjet zwischen Barcelona und München pendeln. Zwar nicht für die Romantik, aber immerhin für das Erleben europäischer Räume eignen sich neue Technologien, die eine Art »alternativer Realität« herstellen können. *Virtual Reality* (VR) gehört zu diesen Techniken, die unsere Wahrnehmungen in eine räumliche Illusion verfrachten. Mit Hilfe der VR-Brillen könnten Menschen ihr Sichtfeld zur Akropolis in Athen, in die Oper nach Wien oder auch in das Europaparlament beamen. Es gibt zudem bereits erste Prototypen von »smart clothing«, das sind taucheranzugähnliche Kleidungsstücke, die eine virtuelle Realität nicht nur sichtbar, sondern auch fühlbar machen. Der Anzug kann über mehrere Sensoren die Muskeln des Trägers reizen und somit den Körper in die Erfahrung der Parallelwelt mit einbinden. Die Telepräsenz überwindet die hohen Anforderungen der physischen Präsenz. In einer solchen Parallelwelt könnte auch die Begegnung unter Europäerinnen und Europäern organisiert werden. Unternehmen halten heute bereits Meetings an virtuellen Konferenztischen ab. So könnten sich auch EU-Bürgerinnen und Bürger zu allen erdenklichen Anlässen treffen. Auch um sich gemeinsam politisch zu organisieren.

Ähnlich wie auf der Plattform der BBC oder in dem Vorschlag von Ulrich Wilhelm sollten die kulturellen Inhalte bei *EUROPA* ein möglichst breites Spektrum abdecken. TV-Serien, Uni-Vorlesungen, Konzerte, Lesungen – hier geht es dann tatsächlich auch um die größtmögliche Vielfalt. Mit der Änderung des Rundfunkstaatsvertrags im Sommer 2018 haben die Öffentlich-rechtlichen in Deutschland bereits den Auftrag bekommen, »zeit- und kulturgeschichtliche Archive« durch die Zusammenarbeit mit Kultur- und Wissenschaftsinstitutionen zu schaffen. Dieser Weg sollte auf europäischer Ebene fortgesetzt werden. In vielen Fällen muss Multilingualität gewährleistet werden. Auch in diesem Bereich gibt es eine Brücke, die man nutzen kann, bevor Künstliche Intelligenz diese Aufgabe wirklich zuverlässig erledigen kann. Für TV-Serien gibt es ein erfolgreiches Modell aus Korea. Auf »Viki.com« – der Name setzt sich aus *Video* und *Wiki* zusammen – werden Serien aus aller Welt per Crowdsourcing von Serienfans in alle möglichen Sprachen untertitelt. Eine Qualitätskontrolle wird durch verifizierte User gewährleistet. Das Konzept gefiel vielen Produktionsfirmen, sodass sie ihre Serien für die Plattform lizensierten. In dem Portal sind mittlerweile über 1.000 internationale Serien verfügbar, manche wurden in über 200 Sprachen übersetzt, die Nutzerschaft geht in die Millionen. Dabei zeigten sich durchaus interessante Trends – türkische Dramen werden besonders stark mit kroatischen Untertiteln nachgefragt. Serien aus Südkorea sind dank Viki besonders in Saudi-Arabien beliebt. Wenn es nicht gerade um Politik geht, kann Übersetzung per Crowdsourcing für *EUROPA* eine interessante Option sein. Sie kann sogar einen positiven Nebeneffekt haben: Übersetzung als Gemeinschaftsarbeit wird die Sensibilität für die unterschiedlichen Sprachen erhöhen und kann manchen EU-Bürgerinnen und Bürgern vielleicht sogar eine Hilfe beim Erlernen neuer Sprachen sein.

POLITISCHES ENGAGEMENT

In der Historie des Eurobarometers gibt es bei den Einstellungen zur Europäischen Union eine Konstante – die Frage, ob die Menschen das Gefühl haben, dass ihre Stimme in der EU zählt, wird schon immer von einer Mehrheit verneint. Die Größe dieser Mehrheit ist im Zeitverlauf schwankend. Zu Europawahlen sinkt sie für gewöhnlich etwas, im Durchschnitt sind es seit Beginn der Befragungen 57 Prozent, mit leicht abnehmender Tendenz in den letzten Jahren. Das hat vermutlich mit den Beteiligungsinstrumenten zu tun, die von der EU-Kommission mit der Zeit eingeführt wurden. Seit 2012 können Bürgerinnen und Bürger eine Europäische Bürgerinitiative registrieren lassen, um damit EU-Gesetze anzustoßen. Damit sich die EU-Kommission mit dem Anliegen beschäftigt, muss eine solche Petition eine Million Unterschriften aus mindestens einem Viertel der Mitgliedstaaten sammeln. Zudem begann die EU-Kommission 2013, Konsultationen durchzuführen. Schon über 400 Mal hat sie entweder die gesamte Öffentlichkeit oder eine Fachöffentlichkeit zu einem bestimmten Thema befragt. Etwa zu der Frage, unter welchen Bedingungen und zu welchem Zweck der Einsatz von Drohnen im öffentlichen Raum akzeptabel sei oder zu den Rechten von Minderheiten in den EU-Ländern. Nun haben diese beiden Beteiligungsformate, Bürgerinitiative und Konsultation, die EU noch lange nicht in eine lebendige Demokratie verwandelt. Sie sind kompliziert, werden bescheiden beworben und sind politisch nur wenig wirksam. Die Plattform Europa soll natürlich von den EU-Institutionen unbedingt unabhängig bleiben. Doch es liegt in der Natur von Plattformen, eine Infrastruktur zu bieten, um gesellschaftliche Akteure miteinander in Verbindung zu bringen, denen das auf anderem Wege nur schwerlich gelingt. So in etwa ist auch die Beziehung zwischen EU-Kommission und Bürgerinnen und Bürgern. Insbesondere in Hinblick auf die Partizipationsmöglichkeiten. Die Konsultationen erreichen einfach zu wenige Menschen. Der EU-Kommission gelingt es nicht, sie ausreichend bekannt zu machen, und nationale Medien berichten kaum über sie. Das Ergebnis: An der bisher erfolgreichsten Konsultation beteiligten sich 4,6 Millionen Europäerinnen und Europäer – unter ein Prozent der EU-Gesamtbevölkerung. Dabei ging es um die Abschaffung der Zeitumstellung – ein Thema, von dem man meinen sollte, es sei lebensnah genug, dass jede und jeder eine Meinung dazu hat. Zwei Drittel der Stimmen zu dieser Frage kamen aus Deutschland. Vielleicht nur, weil die Deutschen eine besonders leidenschaftliche Beziehung zur Uhrzeit haben? Ganz sicher aber, weil viele Medien in der Bundesrepublik über diese Konsultation ausführlich berichteten. Das war in anderen Ländern nicht der Fall. Es ergibt sich also erneut die demokratische Malaise, dass Bürgerinnen und Bürger in Land A bessere Chance hatten, von ihrer Mitwirkungsmöglichkeit zu erfahren als in Land B. Die Publicity für eine Konsultation muss also flächendeckend und intensiver werden. Das kann die Plattform Europa leisten. Sie wäre der ideale Austragungsort für Debatten mit Experten und Fragerunden für unentschlossene Menschen. *EUROPA* sollte zudem ein selbstbewusstes Demokratieverständnis haben. Das heißt, dass User aus Ländern, in denen die Beteiligung noch niedrig ist, einmal mehr zur Teilnahme aufgerufen werden. Der Algorithmus würde das aus Gründen der Privatsphäre nicht individuell, sondern regional entscheiden. Es wäre ein Weg, um den Algorithmus von *EUROPA* in den Dienst der Demokratie zu stellen.

Seit Einführung der Europäischen Bürgerinitiative gab es erst drei Petitionen, die alle Bedingungen erfüllen konnten, damit sich die EU-Kommission des Themas annimmt. Den Initiativen mangelt es oft an einer benutzerfreundlichen und effizienten Software zur Sammlung der Unterschriften, Werkzeugen für die Bewerbung der Initiative und an der Möglichkeit, mit den Unterstützerinnen und Unterstützern langfristig in Kontakt zu bleiben. Letzteres hindert die Formierung von dauerhaften, zivilgesellschaftlichen Netzwerken in Europa. Diese Mängel würde die Plattform beseitigen. Die EU-Kommission erlaubt es, eine eigene Software für die Sammlung der Unterschriften zu nutzen, sofern sie bestimmte Kriterien erfüllt. *EUROPA* könnte also eine solche Software beinhalten, die den Start einer Bürgerinitiative ermöglicht. Samt eines Werkzeugkastens zur effektiven Bewerbung des Anliegens. Ein Beispiel nehmen kann man sich an benutzerfreundlichen Petitionsplattformen wie change.org, wo allein in Deutschland fünf Millionen Menschen registriert sind.

Das wäre die Stärkung der vorhandenen Beteiligungsformen. Die Plattform Europa sollte aber auch ein Ort für neue Engagementmöglichkeiten sein, um EU-Politik für die Menschen nahbarer und gestaltbarer zu machen. Dialog mit den weit weg sitzenden EU-Kommissaren wäre das Naheliegende. Dialogformate, die auf nationaler Ebene mitunter zur Prime Time im Fernsehen gang und gäbe sind, gibt es auf europäischer Ebene selten, und sie erreichen dann nur ein paar wenige EU-Freaks. Die Plattform Europa würde solche Formate in den Mainstream tragen. Durch ihren offenen Charakter ist die Plattform insgesamt sehr offen für Innovationen der politischen Debattenkultur und Partizipation. Ansatzpunkte gibt es in der europäischen Demokratie viele. Eine Debatte zu einer bestimmten Sachfrage lässt sich heute deutlich konstruktiver als über Facebook-Kommentare und effizienter als noch vor einigen Jahren führen. Dazu gibt es Lösungen wie *Pol.is* oder Liquid Democracy, die sich in die Plattform Europa integrieren lassen. Mit Übersetzungen in Echtzeit, so wie es heute schon in manchen Messenger-Apps möglich ist, können Europäerinnen und Europäer in verschiedenen Sprachen miteinander debattieren. Der europäischen Demokratie fehlt es jedoch auch noch an den klassischen Strukturen für politische Partizipation, die wir von der nationalen Ebene kennen. Die europäischen Parteien haben es zum Beispiel bisher nicht über den Charakter von Dachverbänden hinaus geschafft. Zu Bürgerinnen und Bürgern fehlt ihnen nahezu vollständig der Kontakt. Bei *EUROPA* könnten sich etwa digitale »Ortsverbände« von europäischen Parteien gründen. In einem solchen Bereich der Plattform funktioniert *EUROPA* dann tatsächlich ganz ähnlich wie ein soziales Netzwerk, das etwa mittels einer Gruppenfunktion Menschen ermöglicht, sich zu vernetzen, auszutauschen und zu organisieren. Das würde auch der für die europäische Demokratie dringend notwendigen europäischen Zivilgesellschaft Auftrieb geben. Heute ist sie gegenüber wirtschaftlichen Lobbies strukturell im Nachteil, weil die transnationale Zusammenarbeit mehr Ressourcen erfordert als die nationale. Dort, auf nationaler Ebene, helfen digitale Instrumente der Zivilgesellschaft schon seit Jahren. Die massenhaften »Czarny Proteste« 2017 in Polen gegen die Verschärfung des Abtreibungsgesetz begannen mit einem Post auf Facebook. In Stuttgart organisierten sich die Gegnerinnen und Gegner des Bahnprojekts Stuttgart21 bereits im Jahr 2010 im Netz. Studien über die Aktivsten in dieser Bürgerbewegung zeigen, dass durch die digitale Vernetzung auch ein Gemeinschaftsgefühl innerhalb der Gruppe entsteht. Auf europäischer Ebene gibt es zwar auch hin und wieder Demonstrationen, die zum gleichen Zeitpunkt in mehreren Länder stattfinden (zum Beispiel »Pulse of Europe«), aber eine koordinierte, langfristigere und nachhaltige Zusammenarbeit gelingt meist nur in großen Organisationen wie »Friends of the Earth« oder den Gewerkschaften. Die Plattform wäre also ein Raum, in dem sich eine europäische Zivilgesellschaft formieren kann – mit Instrumenten zur Koordinierung, Willensbildung und Mobilisierung.

APPS: EUROPA ANWENDEN

Als der französische Außenminister Robert Schuman am 9. Mai 1950 die Gründung der Europäischen Gemeinschaft für Kohle und Stahl vorschlug, sagte er in seiner Rede:

»Europa lässt sich nicht mit einem Schlage herstellen und auch nicht durch eine einfache Zusammenfassung. Es wird durch konkrete Tatsachen entstehen, die zunächst eine Solidarität der Tat schaffen.«

Die Tat, die aus Schumans Rede folgte, war die Zusammenlegung der Kohle- und Stahlproduktion von sechs europäischen Ländern. Es entstand die erste von mehreren supranationalen europäischen Institutionen, die Jahrzehnte später in der Europäischen Union aufgingen. Schuman sollte mit seiner Prognose Recht behalten, denn diese Tat gab den Anstoß zu all dem, was heute die wichtigsten Identifikationsformen der europäischen Gemeinschaft darstellen: Währung, Flagge, Hymne. Nicht zuletzt bekam auch der Tag der Schuman-Erklärung selbst eine kulturelle Bedeutung: Der 9. Mai wurde zum Europatag.

Doch die Tatsachen, über die wir hier sprechen, sind die Taten politischer Eliten. Diese Eliten haben das europäische Haus gebaut und von den Menschen erwartet, dass sie sich darin wohlfühlen. Bislang ist dieses europäische Haus aber eine recht realitätsferne Metapher, und Europa ist eben nicht Heimat geworden, sondern etwas da draußen, das mal bedrohlich und mal nützlich sein kann. Niemand fühlt sich so, als würde er oder sie in einem europäischen Haus wohnen. Klar ist: Wer Europa mögen soll, muss in Europa einen Nutzen sehen. Wer europäisch fühlen soll, muss Europa erfahren können. Wer europäisch denken soll, muss europäisch handeln können. Die Plattform ist der Ort, an dem Europa sein Versprechen, das Leben aller Bürgerinnen und Bürger besser zu machen, einlösen kann. Das passiert in der digitalen Welt mit »Apps«, Anwendungen, mit denen nahezu alles möglich ist: Dating, Gaming, Chatten, Shopping, Sprachen lernen, Essen bestellen, Reisen buchen und so weiter. *EUROPA* sollte sich zunächst auf Bereiche konzentrieren, die konkrete Bestandteile der europäischen Integration sind, zum Beispiel die Mobilität von Arbeitnehmerinnen und Arbeitnehmern. Wenn eine 17-jährige Schülerin aus Portugal einen Ferienjob in Dänemark sucht, dann gibt es dafür heute keine europäische Anlaufstelle. Deshalb sollte eine Job-App freie Stellen in ganz Europa bekanntmachen – Beratung für Arbeitssuchende inklusive. Zwar gibt es das EURES-Portal von der EU-Kommission mit Stellenanzeigen in der gesamten EU, doch auch hier spricht die EU ihre eigenen Sprache nicht: Stellenausschreibungen in Schweden sind meist nur in schwedischer Sprache verfügbar, Jobs in Frankreich nur auf Französisch. Das würde ein Stellenmarkt auf der Plattform Europa besser machen. Auch sollte die Bewerbung von »Erasmus Plus«, dem Austauschprogramm für Auszubildende, über die Plattform verstärkt werden. Studierende werden an Universitäten mittels der hochschuleigenen »Akademischen Auslandsämter« weitreichend über ihre Chancen im Erasmus-Programm informiert. Für Auszubildende, die die meiste Zeit in Unternehmen verbringen, ist die Hürde deutlich höher, von ihren Möglichkeiten über einen Auslandsaufenthalt zu erfahren. Kein Wunder, dass die Teilnehmerzahlen zwischen dem akademischen und beruflichen Track des Erasmus-Programms weiterhin äußerst ungleich sind. Um Beratung und Bewerbung zu vereinfachen, kann die EU-Kommission eine Erasmus-App für die Plattform entwickeln.

Die verbesserte Zugänglichkeit zu Leistungen der EU ist das Eine. Die Plattform Europa sollte demgegenüber eine Infrastruktur für diverse Anlässe der Vernetzung von Europäerinnen und Europäer sein. Der mutmaßlich wichtigste Grund für den Austausch unter EU-Bürgerinnen und Bürgern ist gegenseitiges Verständnis, ja Empathie füreinander. Genau daran hat es in den Krisendiskursen, die im ersten Kapitel beschrieben wurde, so bitterlich gemangelt. Um eine Gemeinschaft zu werden, muss Europa miteinander statt übereinander reden. Zweifelsohne bekommen die Herausforderungen der Sprachbarrieren an dieser Stelle noch einmal eine ganz andere Dimension. Es bräuchte Echtzeit-Übersetzungen, um eine Konversation in unterschiedlichen Sprachen zu ermöglichen. Das ist mittlerweile keine Science-Fiction mehr. Facebook hat 2018 in den USA die Möglichkeit für Direktübersetzung in seine *Messenger*-App für Spanisch und Englisch eingeführt, mit der zwei oder mehr Leute gleichzeitig kommunizieren können. Das Fachmagazin Business Insider sieht in dieser auf Künstlicher Intelligenz basierenden Technologie das »Potenzial für eine radikale Transformation der Art und Weise, wie hunderte Millionen von Menschen in Echtzeit auf Facebook miteinander kommunizieren«. Laut Pew Research Center leben in den USA über 15 Millionen Hispanics, die gar nicht oder nur eingeschränkt Englisch sprechen. Damit sie trotzdem mit anderen Landsleuten ins Gespräch kommen, könnte die neue Funktion im Facebook Messenger eine nützliche Hilfe sein. Die Plattform Europa sollte sich diese Technologie zu Nutze machen und die Entwicklung weiter vorantreiben. In diesem Bereich tut sich eine Menge. Es gibt erste Prototypen für die Echtzeit-Übersetzung von verbaler Kommunikation. Menschen sprechen unterschiedliche Sprachen, hören ihr Gegenüber aber in der eigenen Sprache. Der deutsche Unternehmer Wolfgang Blau berichtet in einem Interview, dass er bei Meetings in China eine Übersetzungs-App einsetzt. Er spricht seinen Satz auf Deutsch ein und die App wiederholt den Satz postwendend auf Chinesisch.[85] Mit Hilfe solcher Technologien kann Übersetzung tatsächlich zur Sprache Europas werden. Jedenfalls sollte man hinsichtlich solcher »Apps« die Plattform als einen Ort verstehen, an dem Angebot und Nachfrage zusammenkommen. Denkbar ist folglich vieles. Die Vermittlung privater Taxifahrten oder von Wohnraum, wie bei Uber oder Airbnb, könnte auf der öffentlichen Plattform ohne Transaktionsgebühren, aber mit strengem Datenschutz erfolgen. Dabei sollte man nicht versuchen, etablierte Plattformen oder Services zu imitieren. Es muss einen konkreten Bedarf nach alternativen Anbietern oder neuen, noch nicht existierenden Angeboten geben. Da die Plattform in diesem Fall nur Infrastruktur ist, für Unternehmen, aber auch

Privatpersonen, werden sich die Apps nach dem Prinzip von Angebot und Nachfrage selbst regulieren. Ein Unternehmen, das seinen Service auf der Plattform anbieten möchte, muss jedoch die Regeln der Infrastruktur, etwa beim Datenschutz, erfüllen. Darin besteht dann der zentrale Vorteil für die Nutzerschaft: Die Verkehrsregeln für die Infrastruktur werden aus einem öffentlichen Interesse heraus definiert. Daten werden nicht monetarisiert, sondern allenfalls zur Steigerung der Bedienungsfreundlichkeit verwendet, sofern der User das möchte. Wie im App-Store von Apple oder Android muss es transparente Regeln darüber geben, wie ein Unternehmen etwas auf der Plattform anbieten kann. Leitsatz sollte ein breit gedachter Nutzen für das europäische Gemeinwohl sein. Wichtig ist, dass es hierbei keinesfalls darum geht, Dienstleistungen in die »öffentliche Hand« zu verlegen. Es geht allein darum, den Raum, das heißt die Öffentlichkeit, in dem Dienstleistungen angeboten werden, zu entprivatisieren. Genau wie die Demokratie auch durch die Notwendigkeit einer Baugenehmigung für einen neuen Supermarkt die Kontrolle über den physischen öffentlichen Raum behält. In exakt diesem Sinne sollte die öffentliche Rolle im digitalen Raum gedacht werden. Ähnlich empfiehlt das Gottlieb Duttweiler Institut Zürich der Schweizerischen Fernseh- und Radiogesellschaft (SRG) in einem Gutachten, ein »Protokoll« zu entwickeln, »welches den Nutzern ermöglicht, selber einen Marktplatz zu gründen und sich dabei von jeglichen zentralen Autoritäten, vom Silicon Valley, aber auch von der SRG selber zu emanzipieren.« Es wäre ein Dienst an der Demokratie, der den Bürgerinnen und Bürgern digitale Selbstbestimmung ermöglicht.

_AUSBLICK: EUROPAS NEUE SOUVERÄNITÄT

Europas Bürgerinnen und Bürger sind heute auf zwei Feldern nicht souverän: dem politischen und dem digitalen. In einer Demokratie sind sie die Träger von Souveränität. Selbstbestimmte Entscheidungen sind aber an Voraussetzungen geknüpft. Nur wer ausreichend informiert ist, die relevanten Perspektiven auf ein Thema kennt, über politische Verantwortlichkeiten Bescheid weiß, Ross und Reiter zuordnen kann, ist in der Lage – etwa an der Wahlurne – selbstständig und unabhängig zu entscheiden. Diese Voraussetzungen sind für die Willensbildung in der europäischen Politik nicht erfüllt. Das liegt weniger am Desinteresse der Menschen, sondern zuerst an der Abwesenheit eines europäischen Diskurses. Ich habe versucht, in diesem Buch herauszuarbeiten, dass die Öffentlichkeit in Europa in nationale Filterblasen fragmentiert ist, die eine europäische Meinungsbildung unmöglich machen. In den nationalen Diskursen wird die europäische Ebene sprachlich vom »wir« entkoppelt. Europa ist nicht ein zur Heimat gewordener Teil von »uns«. Damit bleibt in den Debatten das nationale Interesse der zentrale, ja meist sogar einzige Bewertungsmaßstab für europäische Politik. Die europäische Pluralität der Stimmen und das europäische Gemeinwohl als Deutungsrahmen werden von den nationalen Filterblasen ausgeschlossen. Daraus folgt für die europäische Demokratie zum einen, dass es der Zivilgesellschaft an einer adäquaten öffentlichen Einflusssphäre auf die Politik der EU fehlt. Zum anderen fehlt den EU-Institutionen die Möglichkeit, Entscheidungen in einem öffentlichen Rahmen an die Bevölkerung zurück zu koppeln. Stattdessen werden legitime Entscheidungen der EU-Institutionen in nationalen Öffentlichkeiten ignoriert oder delegitimiert.

Die nationalen Filterblasen bilden den ersten strukturellen Vorteil, den nationalistische Populisten in den Öffentlichkeiten Europas gegenwärtig haben. Der zweite Vorteil für diese Kräfte hängt mit dem zweiten europäischen Souveränitätsdefizit zusammen: Europa ist im Internet nicht souverän. Der digitale Raum wird von privaten amerikanischen Plattformen dominiert, deren Existenz auf der Sammlung und Monetarisierung persönlicher Daten basiert und deren Inhalte den nicht immer demokratiekompatiblen Regeln der Aufmerksamkeitsökonomie unterworfen sind. Provokation führt zu Publizität. Nutzerinnen und Nutzer, die nicht mit persönlichen Daten bezahlen wollen, werden von zentralen Angeboten der Plattformökonomie ausgeschlossen. Anbieter, die sich nicht über Daten, sondern Gebühren finanzieren, die Sachlichkeit über Sensation stellen, haben es schwerer, sich durchzusetzen. Unter diesen Bedingungen des digitalen Raums können weder Bürgerinnen und Bürger selbstbestimmt über ihre Daten verfügen, noch kann die europäische Demokratie einen demokratischen Diskurs organisieren. Nationalistische Populisten wissen die Herrschaft der Aufmerksamkeitsalgorithmen perfekt für sich zu nutzen: Ihre Botschaften erzeugen gerade wegen des Bruchs demokratischer Konventionen enorme Reichweiten, weil sie emotionale (sowohl positive als auch negative) Reaktionen provozieren und damit das zentrale Relevanzkriterium der Plattformalgorithmen erfüllen. Mit privaten Nutzerdaten personalisieren sie ihren als »kognitive Kriegsführung« angelegten Wahlkampf, selbst wenn diese Daten auf illegalen Wegen von Unternehmen wie Cambridge Analytica beschafft wurden. Die Ordnungskriterien des digitalen Raums, welche die ökonomisierte Aufmerksamkeit von der demokratischen Diskurskultur lösen, sind der zweite strukturelle Vorteil, den propagandistischen Populisten und Nationalisten in der Öffentlichkeit heutzutage haben.

Auf Grundlage dieser Analyse habe ich im vorherigen Kapitel den Vorschlag zur Schaffung einer *Plattform Europa* entwickelt. Die *Plattform Europa* ist ein nach demokratischen und europäischen Maßstäben organisierter und öffentlich finanzierter Kommunikationsraum. Sie kann ermöglichen, was eine lebendige europäische Demokratie überhaupt erst möglich macht: einen übernationalen Diskurs unter Europäerinnen und Europäern über gemeinsamen Angelegenheiten. Sie ermöglicht Europas Bürgerinnen und Bürgern, sowohl politische als auch digitale Souveränität zu erlangen. In einer europäischen Öffentlichkeit können EU-Institutionen zur Rechenschaft gezogen werden und Stimmen aus der Zivilgesellschaft zur Geltung kommen. Ebenso würden Bürgerinnen und Bürger nicht mehr von nationaler Propaganda eingelullt, denn die nationalen Regierungen könnten nicht mehr ohne weiteres ihre politische Verantwortung für unbequeme Entscheidungen auf europäische Institutionen abwälzen. Die Menschen in den Mitgliedsstaaten könnten stereotype Fremd- und übersteigerte Selbstbilder revidieren und einen europäischen Pluralismus zur Grundlage ihrer Meinungsbildung machen. Sie würden sich als Teil eines europäischen »Wir« durch die Präsentation eines gemeinsamen *European Way of Life* fühlen und eine vom nationalen Nutzen emanzipierte europäische Identität entwickeln. Nur mit einer solchen Arena, in der die Europäerinnen und Europäer ihre EU-Bürgerschaft tatsächlich demokratisch ausleben können, können sie auch souverän sein.

Mit der Durchsetzung europäischer Werte in sämtlichen Bereichen dieser digitalen Infrastruktur kann die *Plattform Europa* den Menschen zu mehr digitaler Souveränität verhelfen. Es geht um nicht weniger als darum, einen europäischen Standard für die Organisation der digitalen Öffentlichkeit zu setzen. Dieser müsste auf Seiten der Plattform unter anderem Transparenz über die Algorithmen, Kennzeichnung von Bots, datenschonende statt datensüchtige Funktionsweise, Haftbarkeit für Inhalte und Äußerungen, Werbeunabhängigkeit von Inhalten sowie höchsten Datenschutz und Privatsphäre beinhalten. Die Nutzerinnen und Nutzer würde ihrerseits Selbstbestimmung über ihre Daten erlangen. Das kann heißen, dass die Plattform überhaupt keine Daten einer einzelnen Person erhält. Das kann aber auch heißen, dass jemand die Auswahl und Darstellung von Inhalten der Plattform für sich personalisieren lässt. Wichtig ist, dass diese Entscheidung in der Hand der Nutzerin und des Nutzers liegt, nicht im Geschäftsmodell des Plattformanbieters.

Bei der Setzung eines europäischen Standards für den digitalen Raum hat Europa bereits viel Zeit verloren. Europa muss das Feld heute von hinten aufräumen. Vereinfacht kann man sagen, dass es ein amerikanisches und ein chinesisches Internet gibt – mit Einschränkungen auch ein russisches – aber eben kein europäisches. Das amerikanische und chinesische Internet zeichnen sich durch jeweils eigene Ökosysteme von Plattformen aus. Die chinesischen Pendants zu Facebook/WhatsApp, Amazon und Google heißen WeChat/Qzone, Alibaba und Baidu. Nun ist WeChat aber nicht einfach nur die chinesische Variante von Facebook, hinter dem amerikanischen und chinesischen Internet stehen jeweils zwei gänzlich unterschiedliche Wertesysteme: Hier stehen sich Datenkapitalismus und Datenautoritarismus gegenüber. Im amerikanischen Modell dienen die Daten in erster Linie der Steigerung von Unternehmensgewinnen, im chinesischen dem Ausbau des Überwachungsstaates. Zwar wird Facebook in manchen Ländern zur Überwachung eingesetzt, und chinesische Netzwerke werden auch von profitorientierten Konzernen betrieben. Aber die chinesischen Plattformen können nicht außerhalb der Überwachungsmaschinerie des Staates operieren. So steht in den Nutzungsbedingungen von WeChat, dass der Betreiber Tencet die Daten seiner Nutzerschaft schon im Falle einer einfachen »Anfrage einer Regierungsbehörde« an den Staat weitergibt.[86] Im Datenschutz-Test von Amnesty International erhält WeChat null von 100 Punkten. Und

Tencent expandiert: Seit November 2017 kann man in Geschäften am Flughafen München mit dem WeChat-Bezahlsystem seine Einkäufe begleichen. Wenn also Europäerinnen und Europäer mit dieser App bezahlen, könnte eine Kopie ihrer Einkaufsliste direkt an den chinesischen Staat wandern. Das bedeutet, dass die Expansion des chinesischen Internets auch eine Expansion der chinesischen Überwachungsnetze ist.

Der globale Kampf von Wertesystemen ist auch ein Kampf um Kommunikationsräume. Schon seit Jahrzehnten konkurrieren internationale TV-Sender wie CNN, RT, CCTV oder Al Jazeera mit bestimmten Narrativen in einem globalen Wettbewerb um Deutungshoheit. Insbesondere bei den staatlich geförderten Kanälen liegt dabei die Erkenntnis zugrunde, dass Kommunikation nicht allein die Vermittlung von Politik ist, sondern Kommunikation selbst Politik ist. Das lässt sich unter anderem anhand der Verbreitung von Desinformation nachvollziehen: Die fiktive Vergewaltigung der 13-jährigen Lisa durch Flüchtlinge in Deutschland wurde in russischen Staatsmedien als Fakt berichtet und löste Demonstrationen in der Bundesrepublik aus. Wenn Desinformation ein Mittel der Politik ist, dann sollte es Information umso mehr sein. Soll heißen: Europa muss sich im globalen Informationswettbewerb deutlich stärker aufstellen. Wenn das europäische Demokratiemodell überlebensfähig sein will, braucht es öffentliche Räume, die nach außen wie nach innen gegen antidemokratische Destabilisierungsversuche widerstandsfähig sind und einen Diskurs nach demokratischen Maßstäben sicherstellen. Europa muss sich diese Öffentlichkeiten schaffen.

Eine europäische Öffentlichkeit kann freilich nicht alle Defizite der europäischen Demokratie alleine lösen. Zwar bleibt mein Argument: Wenn es keine europäische Öffentlichkeit gibt, wird es eine erwachsene europäische Demokratie niemals geben. Dennoch müssen sich auch die politischen Entscheidungsprozesse in der EU derart verändern, dass sie zum Gegenstand öffentlicher Auseinandersetzungen taugen. Dazu muss es eine stärkere Konfliktkultur geben, sowohl im Europäischen Rat als auch im Europäischen Parlament. Es muss auch endlich transparent werden, wie sich eine einzelne Regierung im Rat positioniert. Bislang bleibt das unprotokolliert, und somit kann man die Regierungen nur schwer zur Rechenschaft ziehen. Zudem weigert sich der Rat bei unbequemen Entscheidungen allzu gerne, überhaupt eine Entscheidung zu treffen, wonach rechtlich dann der EU-Kommission die Entscheidungslast zufällt. Über das Zuschieben des schwarzen Peters hat sich Jean-Claude Juncker während seiner Amtszeit als EU-Kommissionspräsident zu Recht wiederholt beschwert. Auch muss es wirksame Beteiligungsmöglichkeiten für die Bürgerinnen und Bürger geben, um ihr Interesse an EU-Politik zu stärken. Diese Mängel lassen sich nicht durch die Schaffung eines Kommunikationsraumes heben, sondern müssen institutionell, notfalls durch Vertragsänderungen, bearbeitet werden. Europa hat hierfür noch einen weiten Weg zu gehen. Europa kann diesen Weg aber überhaupt nur gehen, wenn ihn die Menschen dieses Kontinents und dieser EU-Gemeinschaft zusammen bestreiten. Der Startpunkt heißt *Plattform Europa*.

ANMERKUNGEN

1 Die Frankfurter Rundschau zitierte Jürgen Habermas mit diesem Satz in ihrer Ausgabe vom 24. September 2018.

2 Zu der Frage nach dem Ort der Souveränität empfiehlt sich auch das ausführliche Interview mit Ulrike Guérot bei republik.ch: https://www.republik.ch/2018/07/10/wir-brauchen-ein-souveraenes-europa

3 Diesen Satz sagte Helmut Kohl am 8. Juni 1995 in einem Vortrag vor der Hebräischen Universität in Jerusalem anlässlich der Umbenennung des Instituts für Europäische Studien in »Helmut-Kohl-Institut für Europäische Studien«. Den Vortrag kann man hier nachlesen: http://www.helmut-kohl.de/index.php?menu_sel=17&menu_sel2=&menu_sel3=&menu_sel4=&msg=1596

4 Das Programm von Emmanuel Macron zu den Präsidentschaftswahlen 2017 kann man hier nachlesen: https://en-marche.fr/emmanuel-macron/le-programme/europe

5 Dieses Zitat von Orbán lässt sich im Newsletter 7/2018 der European Stability Initiative nachlesen: https://www.esiweb.org/index.php?lang=en&id=67&newsletter_ID=127

6 Die Prioritäten der österreichischen EU-Ratspräsidentschaft finden sich an dieser Stelle: https://www.eu2018.at/de/agenda-priorities/priorities.html

7 Eine kurze Zusammenfassung der Europapolitik der VVD kann man unter https://www.vvd.nl/standpunten/bemoeienis-eu/ nachlesen. Ausführlicher wird ihr Standpunkt im Wahlprogramm beschrieben: https://vvd.nl/content/uploads/2016/11/vvd_verkiezingsprogramma_pages.pdf

8 Das Zitat von Sánchez lässt sich in diesem Nachrichtenartikel nachle-

sen: http://www.expansion.com/economia/politica/2018/06/06/5b181b0de2704e027f8b458d.html

9 Le Figaro: La nouvelle donne à Berlin com plique le projet européen de Macron, Ausgabe vom 27. 9. 2017

10 Christian Kern in einem Gastbeitrag für die FAZ mit dem Titel »Europa muss wieder gerecht werden« vom 11. September 2016

11 Das Zitat stammt aus einem Interview mit Giorgos Stathakis in Die WELT vom 7. Juli 2016: »Europa braucht einen frischeren Look«.

12 Das Zitat stammt aus einer qualitativen Studie von Francisco Seoane Pérez. Die Ergebnisse hat er 2013 in seinem Buch »Political Communication in Europe. The Cultural and Structural Limits of the European Public Sphere« (Palgrave) veröffentlicht.

13 Ergebnis aus dem Eurobarometer, Mai 2015.

14 Der zitierte Artikel aus dem Tagesspiegel kann hier abgerufen werden: https://www.tagesspiegel.de/politik/euro-gipfel-merkel-beugt-sich-druck-von-spanien-und-italien/6813756.html

15 Ausführlich dazu: Weser-Kurier vom 24. 12. 2010 »Europäischer Währungsfonds für die Rettung des Euros?«

16 Das Zitat von Kickl kann in diesem Artikel vom Deutschlandfunk nachgelesen werden: https://www.deutschlandfunk.de/streit-um-fluechtlingspolitik-merkels-menetekel.724.de.html?dram:article_id=420703

17 Über diese Umfrage berichtete damals die Deutsche Welle: https://www.dw.com/de/könnte-auch-deutschland-über-den-eu-austritt-abstimmen/a-19369891

18 Nachzulesen bei Ito, Tiffany A. et al. »Negative information weighs more heavily on the brain: the negativity bias in evaluative categorizations«, erschienen im Journal of personality and social psychology 75 4 (1998): 887–900.

19 Das Zitat von Pancheri stammt aus dem Buch »Reporting the EU« (Seite 61) von John Lloyd und Cristina Marconi

20 Die Studie »The Battle for the Euro: Metaphors and Frames in the Euro Crisis News« kann hier abgerufen werden: http://paperroom.ipsa.org/papers/paper_35503.pdf

21 Kim Otto, Andreas Köhler: Die Berichterstattung deutscher Medien in der griechischen Staatsschuldenkrise. Studie im Auftrag des Instituts für Makroökonomie und Konjunkturforschung (IMK) der Hans-Böckler-Stiftung. Abrufbar unter: https://www.wiwi.uni-wuerzburg.de/fileadmin/12010130/Forschungsprojekte/p_imk_study_45_2016.pdf

22 Diesen Satz sagte Merkel bei einer CDU-Veranstaltung im Mai 2011 in Meschede. Die Süddeutsche Zeitung berichtete damals darüber: https://www.sueddeutsche.de/geld/angela-merkel-kritik-an-verschuldeten-eurolaender-ausflug-ins-populistische-1.1098887

23 Nachzulesen in der Kolumne von Jan Fleischhauer unter: http://www.spiegel.de/politik/ausland/italien-die-schnorrer-von-rom-kolumne-a-1209266.html

24 Den polnischen Diskurs zur EU-Migrationspolitik hat Michał Krzyżanowski in seinem Artikel »Discursive Shifts in Ethno-Nationalist Politics: On Politicisation and Mediatisation of the ›Refugee Crisis‹ in Poland« im Journal of Migration, 1/2018, beschrieben.

25 Die Recherche von CORRECTIV kann man hier nachlesen: https://correctiv.org/aktuelles/neue-rechte/2018/08/10/ungarn-die-geheime-afd-show/

26 Dazu empfiehlt sich dieser Beitrag aus dem Deutschlandfunk Kultur über Kroatien vom 26.04.2016: https://www.deutschlandfunkkultur.de/kroatien-das-gesicht-eines-anderen-osteuropa.1005.de.html?dram:article_id=352390

27 Dankesrede von Jürgen Habermas zur Verleihung des deutsch-französischen Medienpreises, abgedruckt in Blätter für deutsche und internationale Politik, Ausgabe 8/2018.

28 Zitiert in der Süddeutschen Zeitung vom 13. April 2018: https://www.sueddeutsche.de/politik/europapolitik-fahnenflucht-1.3941836

29 Nachzulesen auf der Webseite von Ralph Brinkhaus: https://www.ralph-brinkhaus.de/bei-vertiefung-der-wirtschafts-und-waehrungsunion-besteht-noch-erheblicher-diskussionsbedarf/

30 Markus Söder sagte diesen Satz in der ZDF-Sendung Maybrit Illner vom 3.5.2018.

31 Koehler, Christina / Weber, Mathias / Quiring, Oliver (2018): I want a saviour, not a victim. The impact of media representations of the EU and economic shocks on citizens' supportive attitudes on the European Integration. Erschienen im International Journal of Public Opinion Research.

32 Der Artikel von Dominika Biegón wurde in dem Buch »Prekäre Legitimitäten« (2010 herausgegeben von Frank Nullmeier) veröffentlicht.

33 Zitiert aus dem Beitrag »Endspiel um die Demokratie: EU gegen Ungarn und Polen«, erschienen in Blätter für deutsche und internationale Politik, 10/2018.

34 Zitiert aus: Jürgen Habermas: Faktizität und Geltung. Beiträge zur Diskurstheorie des Rechts und des demokratischen Rechtsstaates, Frankfurt a. M. 1992, S. 364.

35 Der Artikel mit dem Titel »Zwei oder drei Dinge, die ich von Arte weiß« erschien am 31. Mai 2017 in der WELT.

36 Das Zitat von Oettinger stammt aus seiner Antwort an das Europäische Parlament: http://www.europarl.europa.eu/sides/getAllAnswers.do?reference=E-2016-005744&language=EN

37 Dieses Zitat stammt aus dem Artikel »Europa zur Primetime« von Daniel Bouhs, erschienen am 2. Juli 2018 in der taz.

38 Schuck, Andreas / Xezonakis, Georgios / Banducci, Susan / de Vreese, Claes H. (2010): European Parliament Election Study, Media Study. GESIS Data Archive.

39 Siehe dazu auch: Stefanie Walter (2017): EU Citizens in the European Public Sphere. An Analysis of EU News in 27 EU Member States.

40 Michael A. Beam / Myiah J.Hutchens / Jay D.Hmielowski (2018): Facebook news and (de)polarization: reinforcing spirals in the 2016 US election, abrufbar unter: https://www.tandfonline.com/doi/full/10.1080/1369118X.2018.1444783?src=recsys

41 Das Zitat von Ippolito stammt aus dem Buch »Reporting the EU« von John Lloyd und Cristina Marconi.

42 Protokoll des »Leveson«-Untersuchungsausschusses zur Aufklärung des Abhörskandals bei der News International Corporation von Rupert Murdoch: https://www.gov.uk/government/publications/leveson-inquiry-report-into-the-culture-practices-and-ethics-of-the-press

43 Die gesammelten Euromythen können hier nachgelesen werden: https://blogs.ec.europa.eu/ECintheUK/euromyths-a-z-index/

44 Das Gespräch mit Florian Eder kann hier nachgelesen werden: http://inside.axelspringer.com/de/328

45 Mehr zum Sponsoring der EU für die Europawahlberichterstattung von Euractiv: https://www.euractiv.com/communication-services/eu-projects/the-road-map-to-the-european-parliament-elections-2019-how-the-media-can-play-a-role/ Und zum Zielpublikum von Euractiv: https://www.euractiv.de/euractiv-leserschaft/

46 Diese Daten stammen aus dem Eurobarometer 89, März 2018

47 Popper, Karl (1978): Three worlds: The Tanner lecture on human values. Vortrag an der University of Michigan, 7. April 1978: http://www.tannerlectures.utah.edu/lectures/documents/popper80.pdf

48 Das Zitat stammt aus einem Interview mit Regina Schilling aus dem Deutschlandfunk: https://www.deutschlandfunk.de/kulenkampffs-schuhe-die-therapeuten-der-nation.2907.de.html?dram:article_id=424990

49 Das Zitat von Morris stammt aus dem Buch »Reporting the EU« von John Lloyd und Cristina Marconi.

50 Siehe dazu den Beitrag von Claudia Wiesner »Was ist europäische Identität? Theoretische Zugänge, empirische Befunde, Forschungsperspektiven und Arbeitsdefinition« in dem Sammelband: Gudrun Hentges / Kristina Nottbohm / Hans-Wolfgang Platzer (2017): Europäische Identität in der Krise? Europäische Identitätsforschung und Rechtspopulismusforschung im Dialog.

51 Ausführlicher dazu und auch zur folgenden Differenzierung von »Zugehörigkeit« und »Zusammengehörigkeit«: Dennis Lichtenstein (2017): Zwischen Scheinkonsens und Identitätskrise. Konstruktionen europäischer Identität in nationalen Medienöffentlichkeiten. Das Zitat von Bono erschien in diesem Beitrag für die FAZ: http://www.faz.net/

aktuell/politik/bono-europa-ist-eine-idee-die-zum-gefuehl-werden-muss-15758163.html

52 Das Zitat von Salvini stammt aus einem Interview mit dem TIME-Magazine vom 13. September 2018: http://time.com/5394448/matteo-salvini/

53 Das Video von Salvini kann unter dieser Adresse abgerufen werden: https://www.facebook.com/salviniofficial/videos/10155248574318155/

54 Den ausführlicheren Artikel »Populisten im Informationskrieg« habe ich im September 2018 in dem Fachmagazin Politik und Kommunikation veröffentlicht: https://www.politik-kommunikation.de/ressorts/artikel/populisten-im-informationskrieg-1108428241

55 Lorenzo Mosca / Mario Quaranta (2017): Comparing News Diets, Electoral Choices and EU Attitudes in Germany, Italy and the UK in the 2014 European Parliament Election.

56 Die Studie mit dem Titel »Transnational nationalism? Comparing right-wing digital news infrastructures in Western Democracies« kann hier abgerufen werden: http://blogs.oii.ox.ac.uk/policy/wp-content/uploads/sites/77/2018/08/IPP2018-Heft.pdf

57 Im September 2018 stand diese Seite nur auf Englisch zur Verfügung: http://www.europarl.europa.eu/at-your-service/de/be-heard/citizen-s-initiative

58 Zum Paradox der Plattformen empfiehlt sich auch diese Vorlesung von Prof. Dr. José van Dijck: https://www.youtube.com/watch?v=BE8Tw9Hc6kE

59 »Dark Ads« sind Werbeanzeigen, die nicht öffentlich, sondern für kleine Teile der Nutzerschaft eines Social Networks geschaltet werden. Zum Brexit-Votum beinhalteten solche Anzeigen auch Lügen über die EU. Mittlerweile sind solche Anzeigen auf Facebook transparent. Siehe dazu auch *Media Policy Brief: The new political campaigning* von Dr. Damian Tambini et al (London School of Economics): http://eprints.lse.ac.uk/71945/

60 Jamie Bartlett (2018): The People Vs Tech: How the internet is killing democracy (and how we save it), erschienen bei Penguin Books.

61 Michael A.Beam / Myiah J.Hutchens / Jay D.Hmielowski (2018): Facebook news and (de)polarization: reinforcing spirals in the 2016 US election, https://www.tandfonline.com/doi/full/10.1080/1369118X.2018.1444783?src=recsys

62 Augusto Valeriani / Cristian Vaccari (2016): Accidental exposure to politics on social media as online participation equalizer in Germany, Italy, and the United Kingdom, New Media & Society, 18(9).

63 Gruzd, A. / Wellman, B. / Takhteyev, Y. (2011) Imagining Twitter as an Imagined Community. *American* Behavioral Scientist, 55(10).

64 Nick Srnicek (2016): Platform Capitalism, S. 314, erschienen bei Polity

65 Das Papier zur BBC Charter Review kann hier abgerufen werden: https://downloads.bbc.co.uk/aboutthebbc/reports/pdf/

futureofthebbc2015.pdf. Die Studie »Öffentlichkeit 4.0« vom Gottlieb Duttweiler Institut ist verfügbar unter: https://www.gdi.ch/de/publikationen/studien/oeffentlichkeit-40. Das Gutachten für das ZDF von Dörr, Holznagel, Picot findet sich unter: http://www.zdf.de/ZDF/zdfportal/blob/45517114/5/data.pdf. Zum EPOS-Projekt gibt es mehr Informationen unter: https://publicopen.space/epos/. Über die ORF-Plattform berichtete Der Standard: https://derstandard.at/2000087988927/ORF-ChefDigitalsteuer-fuer-Printmedien-zweckwidmen?ref=rec

66 Die Methode des »Product Design Sprint« hat Jake Knapp erfunden. Er betreut zahlreiche Startups, die von Google Ventures gefördert werden. Mehr zu der Methodik gibt es unter: http://www.gv.com/sprint

67 Dazu empfiehlt sich das Interview »Kritik gilt als Landesverrat« mit Zsolt Bogár im Tagesspiegel vom 10. August 2018.

68 Mehr zu Marcello Foa gibt es in diesem Bericht vom Deutschlandfunk: https://www.deutschlandfunk.de/neuer-rai-praesident-in-italien-ein-journalist-mit-extremen.2907.de.html?dram:article_id=429166

69 Gastbeitrag von Patricia Schlesinger in der Frankfurter Allgemeine Zeitung vom 6. März 2018.

70 Das Ranking von Reporter ohne Grenzen findet sich unter: https://www.reporter-ohne-grenzen.de/rangliste/2018/

71 Das Papier der EU-Kommission zur Digitalsteuer ist verfügbar unter: https://ec.europa.eu/taxation_customs/sites/taxation/files/communication_fair_taxation_digital_economy_21032018_en.pdf

72 Mehr zu den »Multimedia Actions« der EU-Kommission: https://ec.europa.eu/digital-single-market/en/policies/multimedia-actions

73 Spezial Eurobarometer 386, Juni 2012: Die Europäischen Bürger und ihre Sprachen.

74 Spezial Eurobarometer 452, November 2016: Medienpluralismus und Demokratie.

75 Digital News Report 2018 vom Reuters Institute for the Study of Journalism: www.digitalnewsreport.org

76 Einen solchen Transparenz-Blog hat ARD aktuell eingeführt, ZEIT Online (»Glashaus-Blog«) oder auch die New York Times.

77 Mehr zu den Recherchen von »Investigate Europe« unter: www.investigate-europe.eu

78 Ein gutes Beispiel für einen Übersetzungsdienst, der auf Künstlicher Intelligenz basiert ist deepl.com

79 Interview mit Ulrich Wilhelm in Le Monde: https://www.lemonde.fr/economie/article/2018/06/12/le-patron-de-l-ard-prone-la-creation-d-une-plate-forme-numerique-europeenne_5313601_3234.html

80 Kapitel zur Kulturpolitik im Wahlprogramm von Emmanuel Macron: https://en-marche.fr/emmanuel-macron/le-programme/culture

81 Mehr zu den europäischen Ko-Produktionen: https://www.dwdl.de/magazin/66766/europas_serienantwort_auf_die_netflixeuromilliarde/

82 Der Anzug des schottischen Start-ups Tesla Studios gleicht einem Taucheranzug. Er verfügt über zahlreiche Knotenpunkte, welche die Muskeln reizen können: https://teslasuit.io

83 Siehe dazu den 22. Rundfunkänderungstaatsvertrag: https://www.rlp.de/fr/aktuelles/einzelansicht/news/detail/News/ministerrat-billigt-22-rundfunkstaatsvertrag-1

84 Mehr dazu im Artikel aus dem Business Insider: https://www.businessinsider.de/facebook-language-translations-messenger-m-suggestions-ai-2018-9?r=US&IR=T

85 Interview mit dem Unternehmer Wolfgang Blau bei Deutschlandfunk Kultur vom 9. Oktober 2018: https://www.deutschlandfunkkultur.de/uebersetzungssoftware-naechste-grosse-welle-wird-das.1008.de.html?dram:article_id=430120

86 Die FAZ berichtete am 15. Januar 2018 ausführlicher über WeChat: http://www.faz.net/aktuell/wirtschaft/diginomics/chinas-ueberwachungsapp-wechat-draengt-in-die-welt-15400334.html

JOHANNES HILLJE

geb. 1985, ist selbstständiger Politik- und Kommunikationsberater in Berlin und Brüssel. Er berät Institutionen, Parteien, Politiker, Unternehmen und NGOs. Zur Europawahl 2014 arbeitete er als Wahlkampfmanager der *Europäischen Grünen Partei.* Zuvor war er im Kommunikationsbereich der UN in New York und in der heute.de-Redaktion des ZDF tätig. Hillje ist Policy Fellow bei der Denkfabrik *Das Progressive Zentrum in Berlin.* Er hat an der London School of Economics einen Masterabschluss in Politics and Communication abgelegt. Bisher erschienen: *Propaganda 4.0. Wie rechte Populisten Politik machen.*

www.johanneshillje.de
twitter.com/jhillje